Jacky GIRARDET
Jean-Marie CRIDLIG

PAN RAMA 1
DE LA LANGUE FRANÇAISE

Cahier d'exercices

CLE
INTERNATIONAL

Sommaire

© CLE International 1996 – ISBN 209 033 713

Introduction

Ce cahier fait partie de l'ensemble PANORAMA (niveau I), méthode de français pour grands adolescents et adultes débutants.

Pour chacune des leçons du livre de l'élève, il propose une série d'exercices individuels complémentaires dans les domaines suivants :

- Rubrique **Vocabulaire** : réemploi du lexique introduit dans le livre et enrichissement.

- Rubrique **Grammaire** : exercices de systématisation et de renforcement des points de grammaire développés dans le livre ; exercices sur des points secondaires de grammaire qui n'ont été abordés que ponctuellement dans le livre.

- Rubrique **Écrits et écritures** : entraînement à la compréhension des textes, développement des stratégies de lecture en langue étrangère, activités guidées et graduées d'expression.

Cette rubrique prépare par ailleurs aux épreuves écrites de l'unité A1 du DELF.

Chaque unité est suivie d'un *Entracte* qui comporte des jeux de langage et des informations récréatives.

À la fin de l'ouvrage, on trouve un lexique de 1 500 mots traduits en cinq langues : anglais, espagnol, italien, polonais et grec. Il peut être utile aussi bien pour les travaux proposés dans ce cahier que pour la compréhension des textes du livre.

VOCABULAIRE

1 Les professions

Quelle est leur profession ?

1. Il est ....
2. Elle est ....
3. Il est ....
4. Elle est ....
5. Il est...........................
6. Elle est...........................
7. Il est...........................
8. Elle est...........................

Attention ! Il y a plusieurs possibilités.

2 Les nationalités

Quelle est leur nationalité ?

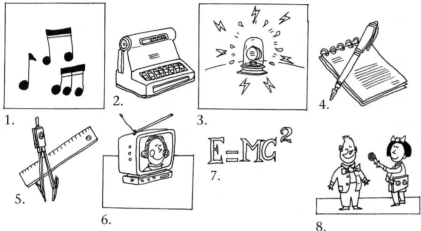

1. Il est britannique.
   Elle est britannique.
2. Il est...........................
   Elle est...........................
3. ....
   ....

3 Les mois de l'année

À quels mois de l'année correspondent ces images ?

a. en France

b. dans votre pays

Exemple : 1. En France, c'est le mois de mai
   ou de juin.
   En Suède, c'est ....

   2. ....

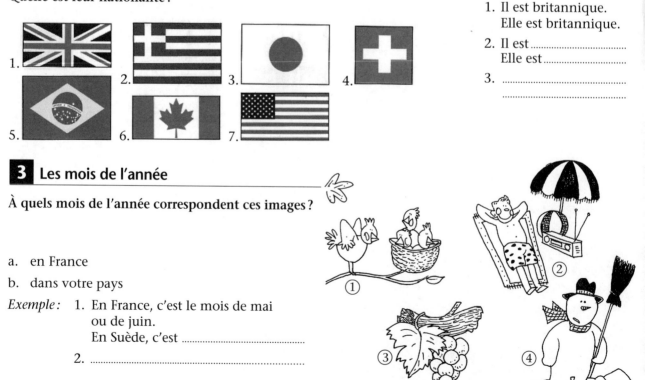

GRAMMAIRE ET ORTHOGRAPHE

Conjugaison des verbes

a. Mettez les verbes des publicités suivantes à la forme qui convient.

Tu (être) belle en Chanel.

Vous (connaître) *Le Monde* ?

Nous (parler) comme vous.

Ils (habiter) les maisons Logeco.

Elles (aimer) Carare.

Nous (travailler) pour vous.

b. Vous ne connaissez pas encore tous les verbes. Trouvez le pronom en observant la terminaison.

Nous   comprenons le français.

....   es italien.

....   est espagnol.

....   allez en France.

....   partent en Italie.

....   regardons les films français à la télévision.

....   demandes une explication.

Masculin ou féminin

Voici des titres de romans ou de films.
Dites si on parle d'un homme ou d'une femme.

Exemple : La Chinoise → F

Le Beau Serge ...

La Petite Fadette ...

Belle de jour ...

Madame Bovary ...

Le Bourgeois gentilhomme ...

La Femme du boulanger ...

6 Le féminin des adjectifs

Observez le tableau.
Mettez les mots entre parenthèses à la forme qui convient.

• + e un joli stylo → une jolie fille
• ien → ienne Il est italien. → Elle est italienne.
• eur → euse Il est chanteur. → Elle est chanteuse. Attention ! En grammaire française, il y a souvent des exceptions aux règles : Il est professeur. → Elle est professeur.

– Madame Duparc est (vendeur).

– Marie est (étudiant). Elle est (mexicain).

– Maria est (brésilien). Elle est (employé) dans une banque.

– Pierre : « Marie, regarde la photo ! Tu es (joli). c'est une (beau) photo. »

– Isabelle est (musicien).

7 C'est ... / Il est ...

Complétez avec *c'est*, *il est*, *elle est*.

– Qui est-ce ?

– C'est Maria Dolores Domingo.

– .... une étrangère ?

– Oui, ... espagnole. .... une grande architecte.

– Elle travaille en France ?

– Oui, ... l'architecte de la banque BPE.

– Ah, ... architecte !

– .... une bonne architecte. Et .... jolie, hein ?

8 Les particularités de l'orthographe

a. Les lettres non prononcées

Barrez les lettres non prononcées.

Renaud est étudiant. Il habite à Orléans, 5, boulevard du Musée. Il connaît Vincent.

Barrez les lettres finales non prononcées.

Exemple : Il est français. Il est étudiant.

Nous aimons l'Allemagne. Nous connaissons un écrivain allemand.

Vous habitez Paris mais vous travaillez à Orléans.

b. Les lettres doubles

Cherchez dans la leçon des mots avec des lettres doubles.

Exemple : un passeport – Je m'appelle.

c. Les différentes écritures des sons

Complétez les tableaux avec d'autres mots.

son [o]	o	ô	au	eau
	une auto	un hôpital	une auto	beau

son [ɛ]	è	ê	ai	e + double consonne	autres orthographes
	célèbre	être	j'aime	il s'appelle	septembre connaître

ÉCRITS ET ÉCRITURES

9 Papiers d'identité

a. Complétez le passeport avec les mots de la liste.

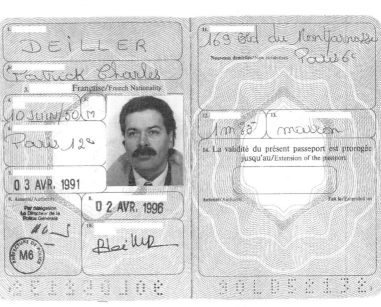

1.

2.

- date de naissance
- date de délivrance
- date d'expiration
- nom
- prénoms

- domicile
- lieu de naissance
- nationalité
- signature

- couleur des yeux
- sexe
- taille

b. Observez ces deux autres pièces d'identité françaises. Comparez avec les papiers d'identité de votre pays.

3. Carte nationale d'identité

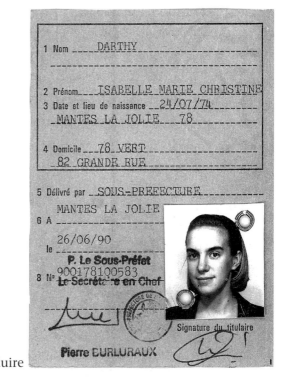

4. Permis de conduire

10 Présentations écrites

a. Identifiez les trois présentations :
l'article de journal, la légende de la photo, la carte de visite.

Nouveau directeur
à Roméo-Automobiles

Il est italien. Il a 40 ans. Il aime les voitures de sport et la musique. C'est le nouveau directeur de Roméo-Automobiles. Il est milanais mais il parle très bien français et, à Paris, il connaît tout le monde.

Enzo Martini. *Nouveau directeur de Roméo-Automobiles.*

Enzo Martini

Roméo-Automobiles
Directeur général

3, avenue Mozart
Paris 75016

b. Rédigez une carte de visite, un bref article et une légende de photo :

– pour vous

– pour une personne imaginaire.

11 Test. Vous connaissez un peu la France ?

Est-ce que vous connaissez ?

	oui	non		oui	non
• la capitale de la France	☐	☐	• une marque de voiture	☐	☐
• le nom du président de la République française	☐	☐	• une marque de vêtements	☐	☐
• le nom d'un joueur de football	☐	☐	• une marque d'eau gazeuse	☐	☐
• le nom d'un joueur de tennis	☐	☐	• un monument de Paris	☐	☐
• le nom d'un comédien	☐	☐	• un musée de Paris	☐	☐
• le nom d'une comédienne	☐	☐	• un café de Paris	☐	☐
• le nom d'un chanteur	☐	☐	• un monument en France (sauf à Paris)	☐	☐
• le nom d'une chanteuse	☐	☐	• la date 1789	☐	☐
• le nom d'un écrivain	☐	☐	• le nom d'un grand journal	☐	☐
• le nom d'un musicien	☐	☐	• trois villes de France (sauf Paris)	☐	☐
• le titre d'un film	☐	☐	• le sens du mot « champagne »	☐	☐
• le titre d'un roman	☐	☐	• le sens des mots « je t'aime »	☐	☐

De 18 à 24 oui : Bravo !
De 10 à 18 oui : C'est bien.
De 4 à 10 oui : Refaites le test dans 3 mois.
De 0 à 4 oui :   Refaites le test dans 6 mois.

VOCABULAIRE

1 Les objets de la classe

Trouvez les objets de la liste sur la photo.

- un stylo
- un crayon
- une gomme
- une feuille de papier

- un cahier
- un livre
- un dictionnaire
- un magnétoscope

- un lecteur de cassette
- une cassette vidéo
- une cassette audio

Quels objets sont utiles pour :

– l'architecte ?

– l'interprète ?

– l'écrivain ?

– le cinéaste ?

2 Savoir et connaître

Savoir...	Connaître...
parler français, écrire	la France
comment il s'appelle	Monsieur Blanc
le nom du directeur	le directeur

Complétez avec *savoir* ou *connaître*.

Un policier interroge un garçon de café.

– Vous .... John Devon ?

– Vous .... où il habite ?

– Est-ce qu'il .... parler français ?

– Vous .... les amis de John ?

– Vous .... comment ils s'appellent ?

3 Écouter et entendre

Complétez avec *écouter* ou *entendre*.

– Vous entendez ?

– Non, je n(e) .... pas. Qu'est-ce qu'il y a ?

– La musique ! ....

– Ah, oui, j' .... maintenant. Ça, c'est *Le Boléro* de Ravel.

– Vous aimez ça, vous ?

– Oui, j' .... *Le Boléro* de Ravel, tous les matins dans ma voiture.

GRAMMAIRE ET ORTHOGRAPHE

4 Les articles

Complétez avec *un, une, des, le, la, l', les*.

a. – Vous connaissez Margot ?

– Oui, c'est … amie de Carine. C'est … fille intéressante et sympathique.

– Elle a … amis à Orléans ?

– Oui, elle connaît Renaud, … garçon du Café des Sports. Elle connaît aussi … vendeur du magasin Gerbier et … Parisien : Patrick.

b. – Vous connaissez … chanteurs français ?

– Oui, je connais Patricia Kaas. C'est … bonne chanteuse. Elle est célèbre à … étranger.

– Vous connaissez … nom d'un disque de Patricia Kaas ?

– C'est … titre d'… chanson. Ça s'appelle *Je te dis vous*.

5 De, du, de la, de l', des

Complétez.

les amis … Margot

la voiture … année

le prix … livres

la rue … cinéma « La Pagode »

l'affiche … film

le directeur … banque

6 La négation

a. **Pierre et Marie sont différents. Continuez comme dans l'exemple.**

– Pierre aime la musique.

– Pierre aime les bandes dessinées.

– Pierre écoute des disques.

– ....

– ....

– ....

– Marie n'aime pas la musique.

– ....

– ....

– Marie regarde la télévision.

– Marie comprend l'anglais.

– Marie a des amis étrangers.

b. **Mettez les verbes entre parenthèses à la forme négative.**
Modifiez l'article du mot suivant si c'est nécessaire.

– Vous regardez la télévision ?

– Non, Pierre et moi, nous (aimer) la télévision. (Il y a) de bons programmes. Et nous (avoir) un téléviseur.

– Alors, vous (regarder) les hommes politiques ?

– Ils (être) intéressants. Ils parlent. Ils parlent. C'est tout. Je (comprendre) la politique.

– Et vous (connaître) les « Guignols de l'info » ?

– Non, je (savoir) qui c'est.

– Ce sont des humoristes. Avec eux, on comprend la politique.

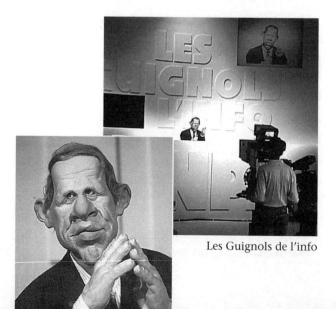

Les Guignols de l'info

7 Féminin et pluriel dans le groupe du nom

Mettez les mots entre parenthèses à la forme qui convient.

Opinions

– Moi, j'écoute Sky Rock. Il y a des présentateurs (jeune et sympathique). La musique est (bon). Ils ont les (nouveau) disques des chanteurs d'aujourd'hui.

– Moi, j'écoute France Musique. Ils ont des programmes (intéressant), avec de la musique (ancien). Mais la (nouveau) musique contemporaine est difficile.

8 Les nouveaux verbes

Mettez les verbes entre parenthèses à la forme qui convient.

Pierre et Marie (chercher) un livre ancien.

PIERRE : Vous (avoir) des romans de Dickens ?

LE LIBRAIRE : En français ou en anglais ?

PIERRE : En français. Je ne (comprendre) pas l'anglais.

LE LIBRAIRE : J'(avoir) *Les Grandes Espérances* dans une édition de 1911. (Regarder) ! C'est écrit : 1911. Vous (voir) ?

PIERRE : Je (voir). Il (coûter) combien ?

LE LIBRAIRE : 600 F. … Vous (payer) comment ?

PIERRE : Je (payer) par chèque.

9 L'orthographe des sons [s] et [z]

a. Recherchez des mots correspondant à ces différentes orthographes.

son [s]	s	ss (entre voyelles)	c	ç (devant a – o – u)	autres orthographes
	salut	un passeport	la place	la leçon	un dictionnaire

sons [z]	s (entre voyelles)	z
	un musée	zut !

b. Notez le son que vous entendez dans ces liaisons : [s] ou [z].

Exemple : Les‿amis de Marie sont tous‿anglais[1].
      [z]   [s]

Au théâtre, il y a une pièce‿intéressante sur les‿années 60.

Nous‿avons‿un bel appartement.

ÉCRITS ET ÉCRITURES

10 La lecture en langue étrangère

Lisez cette bande dessinée. Cherchez le sens des mots nouveaux sans utiliser le dictionnaire.

REGARDE CE COLLIER ! IL N'EST PAS MAL. J'AI ENVIE DE L'ACHETER ET DE L'OFFRIR À COLETTE.

1.

IL FAIT COMBIEN ?

TROIS MILLE FRANCS. C'EST UN BIJOU TRÈS ANCIEN. IL A APPARTENU À MARIE-ANTOINETTE. IL EST MAGNIFIQUE.

2.

IL EST CHER ! DEUX MILLE CINQ CENTS FRANCS ?

C'EST ENTENDU. DEUX MILLE CINQ CENTS FRANCS.

3.

BONJOUR COLETTE. TIENS, TU AS UN NOUVEAU COLLIER ?

DEUX CENTS FRANCS À LA BIJOUTERIE DU SUPERMARCHÉ ! IL N'EST PAS MAL. HEIN ?

4.

a. Complétez le récit.

Images 1, 2, 3.   Un homme est avec ....

Il achète .... pour ....

Image 4.   L'homme veut ....

Mais ....

b. Reliez les mots nouveaux avec ceux que vous connaissez.

– Il n'est pas mal.

– J'ai envie

– Offrir à Colette

– Il a appartenu à Marie-Antoinette.

– Il est magnifique.

– C'est entendu.

– C'est un bijou de Marie-Antoinette.

– Oui, c'est d'accord, je veux bien.

– Il est joli.

– Il est très beau.

– Je voudrais

– C'est pour Colette.

c. Entourez les mots de la bande dessinée utilisés pour parler du collier.

« Regarde ce collier. Il n'est pas mal. J'ai envie de l'acheter…

11 Écrire les nombres

a. Écrivez en chiffres et observez l'orthographe
de *cent*, de *vingt* et de *mille*.

Deux cents …   Deux cent cinquante …

Trois cent quatre-vingts …   Trois cent quatre-vingt-trois …

Quatre mille …   Quatre mille trois …

Mille sept cent quatre-vingt-neuf …

b. Observez comment on écrit les sommes
d'argent sur un chèque.

200 F	Deux cents francs
218 F	Deux cent dix-huit francs
1850,20 F	Mille huit cent cinquante francs (et) vingt centimes
	Mille huit cent cinquante francs (et) 20 c (20 cts)
300,05 F	Trois cents francs (et) cinq centimes
	Trois cents francs (et) 5 c (5 cts)

c. Entraînez-vous à remplir le chèque.

1 500 F	pour Madame Jeanne Rémy
850 F	pour l'Agent comptable de l'Université Paul-Valéry
150 F	pour le Docteur Dupuis

UNITÉ 1 — Leçon 3

VOCABULAIRE

1 Les loisirs

a. Lisez ces petites annonces.
   Faites la liste des différentes activités et classez-les.

   – activités sportives : ....   – activités éducatives : ....

   – voyages : ....   – activités de détente : ....

Apprenez le chinois

dans une grande
université de Chine

Une année : 35 000 F
Un semestre : 22 000 F

CEPES (1) 45 51 23 23

RANDONNÉES À PIED

40 voyages à pied,
en France
mais aussi en Europe.

Chemins du Sud

48110 Gabriac
66 44 73 54

SÉJOURS ÉQUITATION SKI
DANS LE JURA

La Jument verte

Courlons
39570 Lons-le-Saulnier

Tél. : 84 24 52 68

Ski et yoga

6 jours
à partir de 1 420 F

VOSGES EN MARCHE

Tél. 29 24 89 40

---

b. Vous créez un centre de loisirs.
   Rédigez une petite annonce pour faire connaître ce centre.

2 La musique

Trouvez le nom des instruments de musique.

1.   2.   3.   4.   5.   6.   7.

- ■ une batterie
- ■ une flûte
- ■ une guitare
- ■ un orgue électrique
- ■ un piano
- ■ une trompette
- ■ un violon

3 Les verbes *faire* et *jouer*

Observez les constructions du tableau.
Construisez des expressions comme dans l'exemple.

faire du / de la + activité → faire du sport
jouer du / de la / des + instrument de musique → jouer du piano
jouer au / à la / aux + jeu → jouer au football

– la guitare → faire de la guitare,
                      jouer de la guitare

– le football   – les cartes

– le ping-pong   – la danse

– la trompette   – le ski

GRAMMAIRE

4 Les nouveaux verbes

Mettez les verbes entre parenthèses à la forme qui convient.

Pas de vacances

– Qu'est-ce que vous (faire) en été. Vous (aller) à la mer ?

– Non, nous ne (pouvoir) pas aller à la mer. Nous (devoir) être à Paris en août.
Les parents de Pierre (venir) chez nous.
Ils (vouloir) visiter la capitale.

– Eh bien, moi aussi. Je (devoir) faire un travail urgent à la Bibliothèque nationale.
Je (être) à Paris tout l'été. Mais vous (savoir), Paris est agréable en été.

5 L'interrogation

Un présentateur de la télévision prépare l'interview de la chanteuse
et comédienne Vanessa Paradis.
À partir des mots suivants, rédigez les questions de l'interview.

Exemple : Vanessa, qu'est-ce que vous aimez faire ?

- aimer faire
- détester faire
- concerts
- projets (chansons, cinéma)
- acteurs/actrices préféré(e)s
- film préféré
- vacances

6 Les articles contractés

Complétez avec *au, à la, à l', aux, du, de la, de l', des*

préposition *à* + article défini
à + le → **au**   à + l' → **à l'**
à + la → **à la**   à + les → **aux**

prépositon *de* + article défini
de + le → **du**   de + l' → **de l'**
de + la → **de la** de + les → **des**

– La musique *du* chanteur Renaud.

– Les programmes ...... télévision.

– Les livres ...... écrivain Jules Verne.

– Les amis ...... enfants.

– L'article ...... journaliste.

– La rue ...... l'hôpital.

– Il travaille ...... hôpital.

– Il va ...... musée du Louvre.

– Elle travaille ...... marché.

– Il veut aller ...... toilettes.

7 La négation

**Utilisez les expressions de la liste pour faire
le portrait de ces deux personnages.**

Exemple : la paresseuse
Elle ne joue pas au volley-ball.
Elle ....

Je suis un peu
paresseuse.

- aller au théâtre
- jouer au volley-ball
- faire du sport
- faire de la musique
- aimer la lecture
- aimer la marche
- aimer beaucoup travailler
- détester être en vacances
- lire les journaux
- être intéressé par la philosophie

Je n'ai pas des goûts
d'intellectuel.

8 Les prépositions de lieu

Complétez avec *à, au/en, chez, au/à la/aux*

Une femme organisée

« Le lundi soir, je vais .... cinéma. Le mardi, je vais .... piscine.

Le mercredi, ... un cours de danse. Le jeudi, ... bowling. Le vendredi,

je vais .... Michel et nous allons .... théâtre. Le week-end, je vais ....

campagne, ... Normandie, ... Lyons-la-Forêt, ... des amis. »

9 Orthographe des sons [ʒ] et [g]

Placez les mots suivants dans le tableau.

- Angoulême
- aujourd'hui
- une bague
- la Bourgogne
- un garçon
- gentil
- grand
- un guignol
- un jour
- Margot
- une orange
- partager
- une région
- végétarien

son [ʒ]		son [g]	
lettre « j »	lettre « g »	lettre « g » + -a, -o, -u	lettres « gu » + -e, -i
		Angoulême	

Complétez la règle :

« g » devant .... = [ʒ]

« g » devant .... = [g]

10 Orthographe des sons [z] et [s]

Complétez les mots avec « s » ou « ss ».

Il est pa ... ionné de mu ... ique.

Le mu ... ée du Louvre est intére ... ant.

La cui ... inière pré ... ente un programme sur la cui ... ine italienne à la télévi ... ion.

ÉCRITS ET ÉCRITURES

11 Projets, désirs, souhaits, possibilité, impossibilité, obligation, interdiction

a. Projets

Ils font des projets. Faites-les parler.
Construisez cinq phrases.

Projets	
je vais	
tu vas	} + infinitif
il / elle va	
etc.	

« Demain, je vais voir un film. »

Nous allons habiter…

b. Désirs

Il veut… elle ne veut pas.
Construisez cinq phrases comme dans l'exemple.

Désirs	
je veux	+ nom
tu veux	+ infinitif
il / elle veut	
etc.	

« Je veux une voiture. »
« Je veux aller en France. »

« Il veut aller au cinéma.
Elle veut aller au théâtre. »

c. Souhaits

Elle a six mois de vacances.
Elle fait cinq projets.

Souhaits	
je voudrais	
tu voudrais	} + infinitif
il / elle voudrait	

« Je voudrais être riche. »

« Je voudrais faire du ski… »

d. Possibilité / Impossibilité

Elle est riche. Il est pauvre.
Construisez cinq phrases.

Possibilité	
je peux	+ infinitif
tu peux	

« Je peux venir demain. »

Impossibilité	
je ne peux pas	+ infinitif
tu ne peux pas	

« Je ne peux pas venir. »

« Elle peut acheter une belle voiture. Il ne peut pas. »

e. Obligation / interdiction

Il veut être un grand chanteur. Elle lui donne des conseils.
Construisez trois phrases.

Obligation	
je dois	+ infinitif
tu dois	

« Je dois travailler. »

Interdiction	
je ne dois pas	+ infinitif
tu ne dois pas	

« Je ne dois pas fumer. »

Vous devez faire de la musique. Vous ne devez pas fumer..

NE PAS FUMER !

12 Portraits

Vous êtes journaliste et vous devez écrire un article sur l'actrice
Carole Bouquet. Utilisez les notes suivantes pour rédiger l'article.

Carole Bouquet

- Née à Versailles ; 35 ans.
- Mariée avec un médecin.
- Deux enfants (Louis et Dimitri).
- Très belle, souriante, gentille et naturelle.
- Célèbre pour un « James Bond » : *Rien que pour vos yeux* avec Roger Moore ; un film de Buñuel.

Ce qu'elle fait aujourd'hui :

- photos et films publicitaires pour Chanel n° 5
- théâtre : une pièce de Racine, *Bérénice*
- cinéma : films en projet
- écriture : un scénario de film (*Sapho*, d'après Alphonse Daudet).

Ce qu'elle aime :

- Le travail, les amis, la bonne cuisine, les marchés de Provence, l'opéra italien.

Ce qu'elle déteste :

- le sport, le jardinage.

Ce qu'elle voudrait :

- Être un homme, être une femme de 20 ans.

Portrait : Carole Bouquet

Aujourd'hui, l'image de *Chanel n° 5*, c'est elle. Elle s'appelle…

Entracte

Les mots masqués

Retrouvez sept sports.

```
F  O  V  E  L  O  B  O  X
C  O  U  N  R  F  O  T  G
M  A  N  A  B  A  T  E  O
F  O  O  T  B  A  L  L  L
G  Y  N  A  E  S  C  A  F
A  P  O  T  E  N  N  I  S
V  S  K  I  S  T  A  V  E
I  S  B  O  X  E  M  I  R
A  X  A  N  O  U  R  S  E
```

Mots à compléter

Cherchez neuf lieux de la ville.

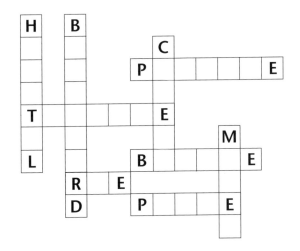

3 Cherchez l'intrus

a. ■ musique ■ exposition ■ rock ■ jazz ■ concert

b. ■ cinéma ■ télévision ■ radio ■ peinture ■ photographie

c. ■ thé ■ alcool ■ eau ■ coca ■ café ■ sandwich

d. ■ Allemagne ■ Italie ■ Japon ■ Espagne ■ France

e. ■ football ■ tennis ■ basket-ball ■ golf ■ marche

4 Mots fléchés

Trouvez les mots à l'aide des définitions.

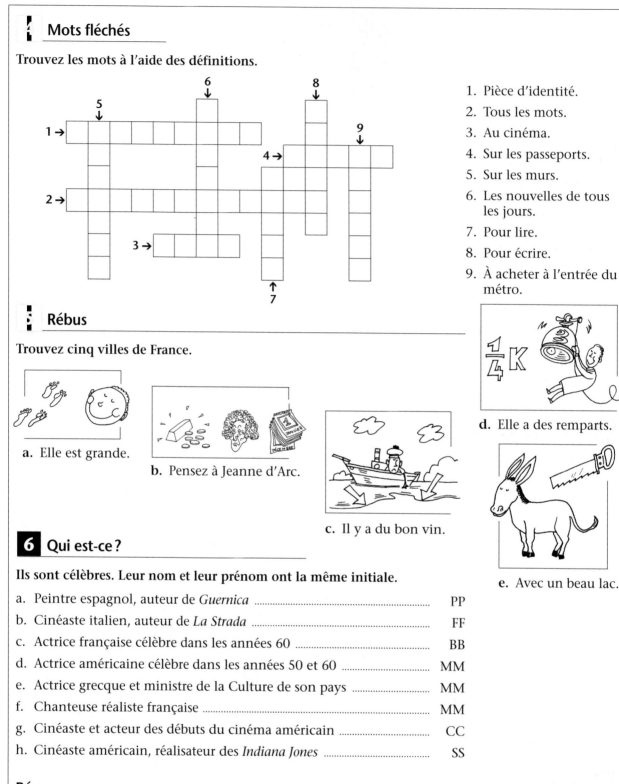

1. Pièce d'identité.
2. Tous les mots.
3. Au cinéma.
4. Sur les passeports.
5. Sur les murs.
6. Les nouvelles de tous les jours.
7. Pour lire.
8. Pour écrire.
9. À acheter à l'entrée du métro.

5 Rébus

Trouvez cinq villes de France.

a. Elle est grande.

b. Pensez à Jeanne d'Arc.

c. Il y a du bon vin.

d. Elle a des remparts.

e. Avec un beau lac.

6 Qui est-ce ?

Ils sont célèbres. Leur nom et leur prénom ont la même initiale.

a. Peintre espagnol, auteur de *Guernica* .... PP

b. Cinéaste italien, auteur de *La Strada* .... FF

c. Actrice française célèbre dans les années 60 .... BB

d. Actrice américaine célèbre dans les années 50 et 60 .... MM

e. Actrice grecque et ministre de la Culture de son pays .... MM

f. Chanteuse réaliste française .... MM

g. Cinéaste et acteur des débuts du cinéma américain CC

h. Cinéaste américain, réalisateur des *Indiana Jones* .... SS

Réponses

1. vélo – football – tennis – ski – boxe – natation – golf
2. hôpital – boulevard – cinéma – musée – piscine – théâtre – banque – place – rue
3. a. exposition (≠ musique) – b. radio (pas d'image) – c. sandwich (pas une boisson) – d. Japon (pas un pays européen) e. marche (pas de balle)
4. 1. passeport – 2. dictionnaire – 3. film – 4. photo –

5. affiche – 6. journal – 7. livre – 8. cahier – 9. ticket
5. a. Paris (pas-rit) – b. Orléans (or-laid-an) – c. Bordeaux (bord d'eau) – d. Carcassonne (quart-K-sonne) – e. Annecy (âne-scie)
6. a. Pablo Picasso – b. Federico Fellini – c. Brigitte Bardot – d. Marilyn Monroe – e. Melina Mercouri – f. Mireille Mathieu – g. Charlie Chaplin – h. Steven Spielberg

UNITÉ 2 · Leçon 4

VOCABULAIRE

1 Les offres d'emploi

a. Lisez l'annonce d'offre d'emploi. Répondez :

– Quels sont les postes proposés ? ....

– Qui propose les postes ? ....

– Quelles sont les conditions ? ....

> Restaurant universitaire
> NANCY
> recherche :
> 2 cuisiniers (homme ou femme), diplôme professionnel, bonne expérience, libre le 1ᵉʳ septembre.

b. Deux personnes téléphonent à l'ANPE et proposent des emplois.
Rédigez les deux annonces sur le modèle ci-dessus.

Allô, ici la SOFRATEC. Nous cherchons un ingénieur spécialisé dans la maintenance industrielle. Il va beaucoup voyager. Il doit avoir une bonne expérience de l'étranger et un diplôme universitaire de technologie. Il doit aussi parler anglais et allemand.

Allô, ici la mairie d'Ivry. Nous recherchons un animateur pour le centre culturel. Il doit avoir le baccalauréat et une bonne expérience des jeunes. Il va animer les activités de cinéma et de théâtre pour les jeunes de la ville… Un animateur ou une animatrice bien sûr…

2 La ville

a. **Quelle(s) personne(s) travaille(nt) dans les lieux suivants ?**

Exemple : une banque → un employé, une employée

b. **Que peut-on faire dans ces lieux ? Utilisez les verbes de la liste.**

Exemple : une banque → changer de l'argent

- acheter
- apprendre
- changer
- dormir
- écouter
- étudier
- lire
- manger
- regarder
- voir

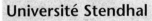

Banque Populaire

Université Stendhal

Hôpital Pasteur

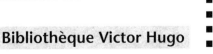

Bibliothèque Victor Hugo

La Vieille Auberge Hôtel-Restaurant

Cinéma Vox

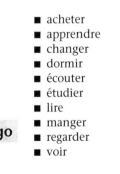

Hypermarché Casino

Théâtre municipal

GRAMMAIRE ET ORTHOGRAPHE

3 Conjugaison des verbes nouveaux

Mettez les verbes entre parenthèses au présent.

Chère Amélie,

J' (avoir) enfin un travail intéressant. Je (être) serveur dans un restaurant.
Nous (commencer) à 8 heures le matin et le restaurant (fermer) à 15 heures.
Le soir, nous (ouvrir) à 19 heures et nous (fermer) à minuit. Je travaille
quatre jours par semaine. Je (pouvoir) enfin faire du sport. Le 21 août je
(prendre) quinze jours de congé. Paul et moi, nous (partir) pour Biarritz faire
de la planche. Est-ce que tu (vouloir) venir avec nous ?

Amitiés.

Vivien

4 Le passé composé

a. **Lisez l'emploi du temps de Sylvie.
Racontez sa journée.
Utilisez des verbes différents (*aller*, *étudier*, *lire*, etc.).**

« À 8 heures, Sylvie est allée à un cours de technologie... »

b. **Sylvie raconte sa journée.**

« À 8 heures, je suis allée... »

Jeudi 8	
8	Cours de technologie
9	
10	Cours d'anglais
11	Bibliothèque
12	
13	
14	Tennis avec Léa
15	
16	Finir l'exposé
17	
18	
19	Téléphoner à Paul et à Lucie
20	(invitation du 15)
21	Cinéma avec Léa (La reine Margot)

5 Le passé composé. Interrogation et négation

Complétez avec la question ou la réponse.

PIERRE : Tu as lu le journal ?

PAUL : Non, ...

PIERRE : ....?

PAUL : Hier soir, je suis allé chez des amis.

PIERRE : Et vous n'avez pas regardé la télé ?

PAUL : Non, ...

PIERRE : ....?

PAUL : Non, je n'ai pas écouté la radio.

PIERRE : Tu ne connais pas la nouvelle ?

PAUL : Non, ...

PIERRE : L'Olympique de Marseille est champion d'Europe !

6 Oui – Si – Non

Lisez le tableau. Complétez le dialogue avec *oui*, *si* ou *non*.

Interrogation normale – Vous aimez le cinéma ? – Oui, j'aime le cinéma. – Non, je n'aime pas le cinéma. **Interrogation négative** – Vous n'aimez pas le cinéma ? – Si, j'aime le cinéma. – Non, je n'aime pas le cinéma.	SYLVIE : Je peux regarder les disques ? LÉA : ...., bien sûr, regarde ! SYLVIE : Tu n'as pas de disques de Piaf ? LÉA : ...., mais ils sont chez des amis. SYLVIE : Tu n'aimes pas les chansons de Cabrel ? LÉA : ...., je n'aime pas beaucoup Cabrel. SYLVIE : Tu n'écoutes pas de musique classique ? LÉA : ...., mais à la radio. Je n'ai pas de disques de musique classique. SYLVIE : Tu vas au concert de Renaud ? LÉA : ...., j'ai un billet.

7 L'accord du participe passé

Lisez le tableau et écrivez les participes passés des verbes entres parenthèses.

être + participe passé Le participe passé s'accorde avec le(s) sujet(s). Quand il y a un sujet masculin et un sujet féminin, le participe passé est au masculin pluriel. Il est parti. Elle est partie. Ils sont partis. Elles sont parties. Pierre et Sylvie sont partis. **avoir + participe passé** Le participe passé s'accorde avec le complément d'objet direct quand le complément est avant le verbe. Ces constructions sont étudiées dans les leçons 11 et 18.	Une jeune fille a fait un voyage en Égypte avec des amis. Elle raconte : « La voiture est (partir) d'Alexandrie à 5 heures. Nous sommes (arriver) au Caire à 8 heures. Nous avons (trouver) un hôtel. Nous avons (voir) les pyramides. L'après-midi, Sylvie et moi nous sommes (aller) au musée. Luc et Pierre sont (aller) dans le pittoresque quartier du Khan al Khalili. Le jour suivant, Sylvie et Luc sont (partir) en bateau pour Karnak. Moi, je suis (rester) au Caire avec Pierre pour visiter la ville. »

8 Infinitif ou participe passé

Lisez le tableau. Écrivez les verbes entre parenthèses à la forme qui convient.

Infinitif Je veux parler ... Je sais aller ... Je dois lire ... **Participe passé** J'ai parlé Je suis allé J'ai lu	– Nous voulons (acheter) des souvenirs au Caire. Nous devons (changer) de l'argent. Mais la banque est (fermer). Est-ce que nous pouvons (payer) avec une carte de crédit ? – Les enfants sont (aller) au théâtre pour (écouter) la chanteuse Dorothée. – Pierre est (aller) (écouter) l'orchestre d'Île-de-France.

ÉCRITS ET ÉCRITURES

9 Cartes postales

a. Lisez ces deux cartes postales.
   Faites la liste des mots illustrés par les photos.

Rome, le 24 avril

Cher Fabien,

J'adore Rome. J'aime beaucoup les promenades dans les vieux quartiers du centre. Dans toutes les rues, il y a un souvenir d'histoire ancienne : église, monument, etc. Mais dans les avenues le bruit et la circulation sont insupportables. J'ai vu la belle place d'Espagne et le château Saint-Ange.
Je suis allé aux musées du Vatican. Quelles collections extraordinaires !
Rome est une ville-musée. Malheureusement, les musées sont fermés l'après-midi.

                                    Amitiés.

                                                    Patrick

Hong-Kong, le 3 octobre

Chère Annie,

Six millions de personnes sur un petit espace : ici, on ne peut pas être seul un moment. Et quel bruit : les voitures, les cris des vendeurs et des joueurs de mah-jong !
Heureusement, il y a les plages, le joli port d'Aberdeen et la cuisine chinoise.
Le travail est intéressant. Les collègues sont sympathiques, mais c'est bien difficile de trouver un appartement. Je suis à l'hôtel et c'est cher.

                        Bises.

                                        Hélène

b. Relevez ce que Patrick et Hélène aiment et n'aiment pas dans ces villes.

Patrick / Rome	Hélène /Hong-Kong
Patrick aime	....
....	....
....	....
....	....

10 Récit en images

Octobre 1996

1.

2.

3.

Octobre 1997

4.

5.

a. **Observez les images 1, 2 et 3. Répondez.**

Qui sont les personnages ?

Où sont-ils ?

Que veulent-ils ?

b. **Trouvez le titre de chaque image.**

– Les regrets de M. et Mme Vérin

– La maison de l'agent immobilier

– Arrivée à l'agence

– Le projet du couple

– La proposition de l'agent immobilier

c. **Complétez le récit.**

En octobre 1995, M. et Mme Vérin vont chez ....

Ils voudraient ....

Mais l'agent immobilier ....

En octobre 1996, ...

d. **Imaginez ce que disent les personnages.**

....

....

Leçon 5

VOCABULAIRE

1 Localiser

Un architecte présente le plan de la nouvelle place d'un village.
Complétez avec les mots de localisation.

Nous avons imaginé une grande place.

.... la place, il y a une fontaine.

.... la place, il y a des arbres.

Quand on arrive .... la place par la rue Monet, ... on a la mairie. .... la mairie, on a l'école. .... la mairie, on a la bâtiment des médecins. .... il y a un grand parking. Sur le côté .... de la place, il y a des magasins et ...., la poste et les banques.

2 Le mouvement

Le professeur de danse donne des instructions.
Que dit-il pour chaque danse ? Utilisez les mots de la liste.

- marcher, faire un pas, deux pas, etc.
- avancer / reculer
- à droite, à gauche
- à droite

- en avant, en arrière
- passer devant / derrière
- regarder en face, à droite, etc.
- sous le bras

Exemple : le tango → Le danseur marche vers le côté droit. Deux pas en avant. Trois pas en arrière. Le danseur regarde à droite. La danseuse regarde à gauche.

Le tango

La valse

Le rock

Le paso doble

3 Les distances

a. **Trouvez et complétez la bonne réponse.**

– De Paris à Marseille, il y a combien de kilomètres (km) ?   – .... 800 km.

– Paris-Lyon, ça fait combien de km ?   – .... 480 km.

– Quelle est la distance entre Paris et Strasbourg ?   – .... 450 km.

– Pour aller d'ici à la tour Eiffel, c'est loin ?   – .... une demi-heure à pied.

b. **Posez la question :**

– ....? – De Paris à Nice, il y a 920 km.

– ....? – De Notre-Dame à la place Saint-Michel, ça fait 5 minutes à pied.

– ....? – Entre Paris et Bruxelles, il y a 300 km.

– ....? – Pour aller de Paris à Lyon, on met 4 heures en voiture par l'autoroute.

4 La famille

Trouvez les membres de la famille comme dans l'exemple.

Exemple : Le frère de mon père, c'est mon oncle.

– Le père de ma mère, c'est ....   – La sœur de ma mère, c'est ....

– La fille de mon fils, c'est ....   – Le fils de ma sœur, c'est ....

– Le mari de ma sœur, c'est ....   – La fille de mon oncle, c'est ....

GRAMMAIRE

5 Conjugaison des verbes nouveaux

Mettez les verbes entre parenthèses au présent.

M. Ferniot ne trouve pas l'adresse de M. et Mme Chalier. Il téléphone.

– Ah ! Vous ne (connaître) pas le quartier ?

– Non, pas du tout. Nous (suivre) un plan mais nous ne (trouver) pas votre maison.

– Vous (être) où ?

– Sur l'avenue de la République. Qu'est-ce que je (faire) ? Je (prendre) la rue Berlioz ?

– Non, vous ne (prendre) pas la rue Berlioz. Vous (rester) sur l'avenue de la République. Vous (aller) jusqu'au numéro 28. Ma femme (attendre) devant la porte.

– Votre femme (être) devant la porte ? Elle (sourire) ? Alors, je ne (être) pas loin…

6 Les adjectifs démonstratifs

Complétez avec *ce – cet – cette – ces.*

Une jeune fille commente les photos de son amie photographe.

« Où as-tu fait .... photos ? Elles sont magnifiques. .... soleil et .... mer
sont extraordinaires !

– J'ai pris .... photo près d'Arles. C'est la Méditerranée.

– Et .... homme, qui est-ce ? Il est connu. Ah, attends, je sais, c'est ....
écrivain, ... grand admirateur de la photographie ! C'est Michel Tournier !

– Oui, c'est lui. J'ai fait .... portrait au Festival de la photographie d'Arles. »

7 Les adjectifs possessifs

Complétez avec un adjectif possessif.

La classe est finie. Fermez ...... livre ! Rangez ......
affaires et n'oubliez pas de faire ...... devoirs pour jeudi !

VISITEZ ROUEN
.... cathédrale
.... églises gothiques
.... palais de justice
.... musées

Voici ...... femme, ...
enfants et ...... chien Azur.

Je suis très heureux de faire
...... connaissance.

8 Le passé composé

Lisez ce script de film. Continuez le récit.

Participes passés	
devoir	→ dû
entendre	→ entendu
ouvrir	→ ouvert
pouvoir	→ pu
voir	→ vu
vouloir	→ voulu

SCÈNE 1

– La jeune fille suit la route jusqu'au château du comte Dracula.

– Elle arrive au château. Elle ouvre la porte.

– Elle voit Dracula.

SCÈNE 2

– Dracula et la jeune fille dînent ensemble.

– Mais le soleil arrive. Dracula doit partir.

SCÈNE 3

– La jeune fille veut sortir.

– Elle ne peut pas ouvrir la porte. Elle entend un bruit bizarre...

« La jeune fille a suivi la route jusqu'au château du comte Dracula... »

9 Adjectifs possessifs et mots à prononciation proche

Complétez ces phrases avec un adjectif possessif et avec un ou plusieurs mots à prononciation identique ou proche.

Exemple : Avec **mon** ami Gérard, je suis allé voir le **mont** Blanc.

– Caroline n'a pas fait .... devoirs. .... une élève paresseuse. Regardez .... fautes d'orthographe dans cette dictée !

– Michel est parti en voyage avec sa femme et .... fils. Ils .... allés en Grèce.

– J'adore le jazz. .... disques préférés sont les disques de jazz. .... j'aime aussi la musique classique. Quand je suis seule chez moi, je .... France-Musique.

– .... frère habite dans la banlieue de Paris, à Suresnes, sur le .... Valérien.

Distinguez les mots qui ont une prononciation proche mais pas identique.

Exemple : ses   → [se]

   c'est   → [sɛ]

ÉCRITS ET ÉCRITURES

10 Décrire un itinéraire

Vous habitez à Metz, au numéro 42 de la rue Serpenoise. Vous invitez chez vous un professeur de l'université. Observez l'itinéraire et rédigez les indications pour aller de l'université jusque chez vous.

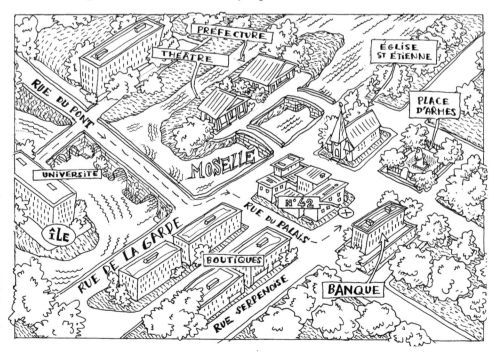

« Quand vous sortez de l'université, … »

11 Lecture rapide

Observez les quatre types de personnages. Lisez rapidement la liste des comportements et indiquez par P, B, S, I le type de personnage qui correspond.

Le pantouflard (P)
Aime rester chez lui, les pieds dans ses pantoufles.

Le bricoleur (B)
Aime faire les petits travaux manuels.

Le sportif (S)

L'intellectuel (I)

ACTIVITÉS

1. Il est garagiste. **B**
2. Il est professeur de tennis. ☐
3. Il est professeur d'italien. ☐
4. Il est professeur de guitare. ☐
5. Il adore rester chez lui. ☐
6. Il aime beaucoup voyager. ☐
7. C'est un bon cuisinier. ☐
8. Il va beaucoup au spectacle. ☐
9. Il aime la nature. ☐
10. Il est souvent dans son atelier. ☐

CULTURE

11. Il aime lire le journal. ☐
12. Il va beaucoup à l'opéra. ☐
13. Il aime les films avec S. Stallone. ☐
14. Il lit Dante en italien. ☐
15. Il adore parler « voitures ». ☐
16. Il regarde beaucoup la télévision. ☐
17. Il lit *Auto-Journal*. ☐
18. Il lit *Top-Santé*. ☐
19. Il connaît tous les musées d'Europe. ☐
20. Il va écouter des conférences. ☐

SPORTS

21. Il est passionné par le sport automobile. ☐
22. Il a horreur du sport. ☐
23. Il ne fait pas de sport. Il préfère faire des choses utiles. ☐
24. Il aime marcher dans les rues. ☐
25. Il aime tous les sports. ☐
26. Il joue au football. ☐

12 Rédigez une annonce pour votre répondeur téléphonique en France

Voici une annonce classique. À la place de chaque phrase, imaginez une phrase personnelle et originale.

Exemple : À la place de « Bonjour ! », vous pouvez dire :

– Bonjour Madame ! Bonjour Monsieur ! (cérémonieux)

– Salut ! (très familier)

– Bienvenue au numéro 45 08 00 32.

– Bonjour ! Merci de votre appel.

– Etc.

Bonjour !

Vous êtes bien chez Nathalie et Gérard Delvaux. Nous sommes absents pour le moment. Vous pouvez laisser un message après le bip sonore.

UNITÉ 2 · *Leçon* **6**

VOCABULAIRE

1 Les activités quotidiennes

Voici la journée de Pauline, 14 ans, élève en dernière année de collège. Continuez le récit.

« Pauline se lève à 6 h 30… »

Comparez avec la journée d'une élève du même âge dans votre pays.

6 h 30 :	Lever – Douche	14 h – 17 h :	Cours
7 h 00 :	Petit déjeuner	17 h 30 – 18 h 30 :	Tennis
7 h 30 :	Bus	19 h :	Dîner
8 h – 12 h :	Cours	19 h 30 – 21 h 30 :	Devoirs et leçons
12 h 30 :	Cantine	21 h 30 :	Toilette
13 h – 14 h :	Club vidéo	22 h 00 :	Lecture et coucher

2 Les déplacements

Complétez avec les verbes de la liste.

Le grand voyage de Marco Polo

En 1271, Marco Polo a 17 ans. Il ...... en bateau de Venise pour aller en Orient. Il arrive au port d'Acre (Moyen-Orient), puis, il ...... pour la Perse. Il ...... la route de la soie. Il ...... l'Asie et en 1275, il ...... en Chine. Il ...... 5 ans à la cour du Grand Khan. En 1295, il ...... à Venise par la mer. Il a raconté son voyage en français dans *Le Livre des Merveilles*.

- arriver
- partir
- repartir
- rester
- suivre
- traverser

3 États et sentiments

Que disent-ils dans les circonstances suivantes ? Utilisez les expressions de la liste.

a. Patrick a gagné à la loterie.

b. Margot a invité Renaud. Renaud n'est pas venu à l'invitation et ne s'est pas excusé.

c. Nathalie a enfin trouvé du travail.

d. Gérard a perdu trois fois son portefeuille cette année.

e. Mireille et Vincent se marient aujourd'hui.

- être content(e)
- être heureux (heureuse)
- être étonné(e)
- avoir de la chance
- ne pas avoir de chance

GRAMMAIRE

4 Conjugaison simple et conjugaison pronominale

Choisissez la conjugaison simple ou la conjugaison pronominale de ces verbes.

Le retour du veilleur de nuit

« Je rentre du travail le matin à 6 heures. Je ne ([se] coucher) pas tout de suite. Je ([se] préparer) le petit déjeuner.

Je ([se] réveiller) ma femme. Nous prenons le petit déjeuner ensemble. C'est le seul moment de la journée où nous pouvons ([se] parler). Après, ma femme ([se] préparer) et moi je ([se] promener) le chien. Quand je reviens, ma femme est prête et elle part travailler. Alors, je ([s'] occuper) des enfants. Quand les enfants sont partis pour l'école, je ([se] laver) les bols du petit déjeuner et enfin, je peux ([se] coucher). »

⋮ Négation de la conjugaison pronominale

Répondez négativement et trouvez la raison.

Exemple : a. Non, nous ne nous écrivons pas souvent. Nous nous
téléphonons.

a. Avec Pierre, vous vous écrivez
souvent ?

b. Tu te lèves tôt ?

c. Vous vous couchez tôt ?

d. Nous devons nous dépêcher ?

e. Valérie et Antoine se voient
souvent ?

■ Nous avons le temps.

■ Nous nous téléphonons.

■ Je regarde la télé jusqu'à
1 heure du matin.

■ L'un habite à Paris
et l'autre à Tokyo.

■ J'aime bien dormir
le matin.

⋮ L'impératif

Transformez les conseils comme dans l'exemple.

Patricia s'intéresse à Patrick et Patrick aime bien Patricia. Mais les deux sont timides.

Donnez des conseils à Patricia.

– Avec Patrick, vous devez vous téléphoner. → Téléphonez-vous !

– Vous devez aller au cinéma. →

– Toi, Patricia, tu dois t'habiller mieux. →

– Tu ne dois pas te maquiller, il n'aime pas ça. →

– Tu dois t'intéresser au tennis. Il adore ça. →

– Tu ne dois pas être triste. →

– Vous devez sortir souvent ensemble. →

7 *Moi / toi … aussi – Moi / toi … non plus*

Patricia et Patrick sont dans une discothèque. Ils se parlent.
Observez le tableau et complétez le dialogue.

On est d'accord	On n'est pas d'accord
– J'aime le cinéma. Et toi ?	– J'aime le cinéma. Et toi ?
– **Moi aussi.**	– **Moi non.**
– Je n'aime pas le jazz. Et elle ?	– Je n'aime pas le jazz. Et elle ?
– **Elle non plus.**	– **Elle si.**

– J'aime bien danser. Et toi ?　　　　　→ **Moi aussi**, j'aime bien ça.

– Et ton amie Sylvie, elle aime danser ?　→ ...., elle adore ça.

– Je viens souvent ici, et vous deux ?　　→ ...., nous venons souvent.

– Je n'aime pas ce rock. Et toi ?　　　　→ ....; il n'est pas bon.

– Je n'aime pas le rap. Et toi ?　　　　　→ ...., j'aime bien. C'est amusant.

– Mes amis n'aiment pas le rap. Et tes amis ?　→ ...., ils détestent ça.

– J'aime bien les danses classiques. Et toi ?　→ ...., je préfère les danses modernes.

8 Orthographe. Les consonnes doubles

Comment savoir que la consonne est simple (bête) ou double (belle) ?

Par la prononciation

- [s] entre deux voyelles s'écrit **ss**
  elle est a**ss**ise

- [ij] s'écrit **ill**
  une f**ill**e

- Les mots terminés par **-en** et **-on** au masculin s'écrivent **-enne** et **-onne** au féminin.
  bon / bo**nne** – un chien / une chie**nne**

Par les autres lettres du mot

- Pas de double consonne après **e** prononcé [ə]
  nous app**e**lons (mais « ils appellent »).

- Pas de double consonne après une voyelle avec accent.
  un **é**lève – j'ach**è**te – un d**î**ner

- Pas de double consonne après une autre consonne.
  ens**e**igner – ens**e**mble (mais « assez »)

- Il y a souvent une double consonne quand on ajoute un préfixe à un mot commençant par un consonne.
  apporter (de « porter ») – **imm**ortel (de « mortel »)

Écrivez ces mots avec ou sans double consonne.

- en(s)uite
- au(s)i
- un oi(s)eau
- un pa(s)eport
- il pen(s)e
- un ba(s)in
- la fami(l)e
- une î(l)e

- uti(l)e
- un bi(l)et
- elle s'appe(l)e Marie
- nous nous rappe(l)ons
- elle se rappe(l)e la nouvelle
- une musicie(n)e
- une cousi(n)e

- une gardie(n)e
- la patro(n)e
- un gâ(t)eau
- une hôte(s)e de l'air
- les pa(t)es du chien
- j'ai mangé des pâ(t)es en Italie

ÉCRITS ET ÉCRITURES

 9 Annonces et messages

1. Les élèves intéressés
par le projet
« **Cinéma et Littérature** »,
peuvent s'inscrire au secrétariat
avant le 1er octobre.

J. Leblanc

2. Jeune musicien
donne
cours particuliers.
Guitare ou piano
100 F/ heure
TÉL : 47 32 35 83

3. Françoise, étudiante en histoire,
cherche une place dans une voiture
pour partir à Lyon **vendredi 15 mai**
TEL : 76.54.31.25

4. Collectionneur, achète cartes
postales des années 30, de Pau
et de sa région. Tél.: 59 27 30 41.

5. J'ai invité Maria
et Julio à 8H ce soir.
Peux-tu faire les courses ?
N'oublie pas le vin.
Je t'embrasse
Nanou.

6. Le directeur de
la BCP a appelé
à 11 heures.
Le rappeler dès
votre retour.
Céline.

Lisez ces messages et répondez :

a. Quel message peut-on trouver ?

  – dans une maison ...

  – dans un magasin de quartier ...

  – dans un bureau ...

  – dans un journal de petites annonces ...

  – sur le panneau d'information d'un lycée ...

  – sur le panneau d'information
     d'une université ...

b. Qui s'adresse à qui ?

1. un professeur → des élèves du lycée

2. .... →.............................

3. .... →.............................

4. .... →.............................

5. .... →.............................

6. .... →.............................

c. Quelle est la fonction de ces messages ?

  – demander un service...

  – proposer un service...

  – donner une information...

**d. Rédigez une petite annonce pour chacune
des situations suivantes :**

  – Vous voudriez avoir un(e) correspondant(e)
     en France.

  – Vous avez rencontré une personne dans le
     train. Vous voudriez revoir cette personne.
     Vous ne connaissez pas son nom, son
     adresse, etc.

10 Poésie des mois et des jours

a. Lisez le poème d'Alain Bosquet.
   À qui parlent les douze mois de l'année ?
   Que disent-ils ?

b. Imaginez un texte semblable pour les jours
   de la semaine :

   « Lundi pour dire à la semaine… »

> Janvier pour dire à l'année « bonjour ».
>
> Février pour dire à la neige « il faut fondre[1] ».
>
> Mars pour dire à l'oiseau migrateur[2] « reviens ».
>
> Avril pour dire à la fleur « ouvre-toi ».
>
> Mai pour dire « ouvriers nos amis ».
>
> Juin pour dire à la mer « emporte-nous très loin ».
>
> Juillet pour dire au soleil « c'est ta saison ».
>
> Août pour dire « l'homme est heureux d'être homme ».
>
> Septembre pour dire au blé « change-toi en or ».
>
> Octobre pour dire « camarades, la liberté[3] ».
>
> Novembre pour dire aux arbres « déshabillez-vous ».
>
> Décembre pour dire à l'année « adieu, bonne chance ».
>
> Et douze mois de plus par an,
>
> Mon fils,
>
> Pour te dire que je t'aime.
>
> Alain Bosquet, *La Nouvelle Guirlande de Julie*,
> Éditions ouvrières, 1976.

1. fondre : se transformer en eau
2. migrateur : qui change de pays
3. allusion à la Révolution d'octobre 1917, en Russie

c. Lisez le poème de Philippe Soupault.
   Complétez le tableau des moments de la vie.

> Pour un dictionnaire
>
> Philippe Soupault dans son lit
>
> né un lundi
>
> baptisé un mardi
>
> marié un mercredi
>
> malade un jeudi
>
> agonisant[1] un vendredi
>
> mort un samedi
>
> enterré un dimanche
>
> c'est la vie de Philippe Soupault.
>
> Philippe Soupault, *Georgia, Épitaphes, Chansons*,
> Gallimard, 1984.

1. agonie : les derniers moments avant la mort

Participe/Adjectif	Verbe	Nom
né	naître	la naissance
baptisé		

d. Imaginez le déroulement de votre vie sur les douze mois de l'année.

.... né(e) en janvier.

.... en février.

Entracte

Mots fléchés

Retrouvez des mots qui rappellent les fêtes.

1. Dans les défilés du 14 Juillet, il y a des…
2. Pour le jour de l'an, on envoie des cartes de…
3. Au dessert du réveillon de Noël on mange la…
4. Dans la galette des Rois on trouve la…
5. Pour la Chandeleur on fait des…
6. Pour le carnaval les enfants se…
7. À Pâques, les enfants cherchent les…
8. Quand on a la fève de la galette des rois on met une…
9. Le 1er mai on offre du…

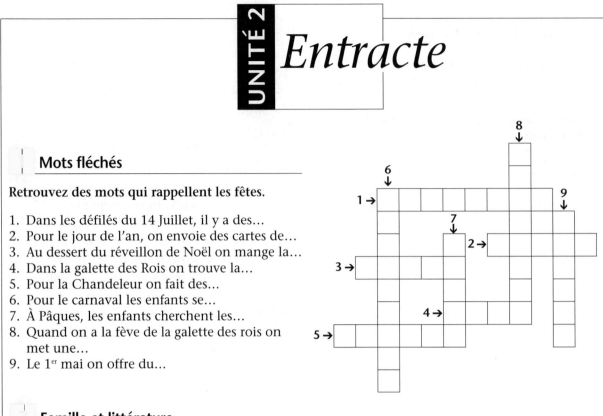

Famille et littérature

Pouvez-vous compléter ces titres avec un membre de la famille.

a. Le ……… Goriot (Balzac)

b. ……… Courage (Brecht)

c. Les ……… ennemis (Kazantzakis)

d. Les Trois ……… (Tchekhov)

e. La Case de l'……… Tom (Beecher-Stove)

f. La Gloire de mon ……… (Pagnol)

3 Rébus

Trouvez des proverbes.

a.

b.

c.

Réponses

1. 1. drapeaux – 2. vœux – 3. bûche – 4. fève – 5. crêpes – 6. déguisent – 7. œufs – 8. couronne – 9. muguet
2. Le Père Goriot – Mère Courage – Les Frères ennemis – Les Trois Sœurs – La Case de l'oncle Tom – La Gloire de mon père
3. a. Les amis de nos amis sont nos amis – b. Le temps c'est de l'argent – c. Loin des yeux, loin du cœur

Ils ont choisi de vivre en France. Ils y sont devenus célèbres. Découvrez la France arc-en-ciel.

Yves Montand

La place de Séoul à Paris

Le vrai nom du chanteur et comédien **Yves Montand** était Ivo Livi. Il était né en Italie. La communauté d'origine italienne a donné de nombreuses célébrités au monde du spectacle (l'acteur **Lino Ventura**, l'humoriste **Coluche**), du sport (**Michel Platini**), de la mode (le couturier **Pierre Cardin**).

En peinture, le mouvement surréaliste français de la première moitié du XXe siècle est surtout espagnol (**Picasso, Dali, Miró**). Né à Barcelone, l'architecte **Ricardo Bofill** a fait des ensembles architecturaux à la fois classiques et originaux. **Victoria Abril**, l'actrice préférée du metteur en scène Pedro Almodovar, est aussi espagnole mais vit à Paris.

Le chanteur **Charles Aznavour** est d'origine arménienne. Le plus grand auteur de pièces de théâtre des années 50 et 60, **Eugène Ionesco**, est arrivé de Roumanie. L'actrice **Isabelle Adjani** a un père algérien et une mère allemande.

On pourrait aussi trouver de nombreux Grecs, des Allemands, des Portugais, etc.

Et savez-vous que le célèbre tableau de Picasso *Les Demoiselles d'Avignon*, ne représente pas des femmes de la ville française d'Avignon mais de la rue d'Avignon à Barcelone ?

La France est fière de ses prix Nobel. **Georges Charpak**, prix Nobel de physique en 1992, est né en Pologne et il est arrivé en France à l'âge de huit ans. Autre scientifique célèbre et polonaise : **Marie Curie**, deux fois prix Nobel (en 1903 et en 1911) et première femme nommée professeur à la Sorbonne.

Le célèbre constructeur d'automobiles **André Citroën** avait une mère polonaise, et **Haroun Tazieff**, spécialiste des volcans, a aussi des origines polonaises.

VOCABULAIRE

Joan Miró
*Personnages dans la nuit
guidés par les traces
phosphorescentes des escargots*
(1940-1941)

▌1 Les parties du corps

a. Observez ce tableau du peintre surréaliste Miró.
Identifiez et nommez les détails de ces formes bizarres.

1. Les personnages : trouvez les parties du corps → la tête, etc.

2. Les animaux : nommez-les. Quels détails sont représentés ?

3. Les éléments du paysage.

4. Les objets.

b. Comparez vos listes avec celles de votre voisin(e).

▌2 Emplois figurés

Utilisez les mots de la liste pour trouver le sens des expressions soulignées.

Exemple : a. Il m'a aidé.

a. Je réparais ma voiture. Pierre m'a donné <u>un coup de main</u>.

b. Tout près de chez moi il y a <u>une bouche</u> de métro.

c. Marie <u>met</u> toujours <u>son nez dans mes affaires</u>. Je n'aime pas ça.

d. André <u>a une dent contre moi</u>. Je ne sais pas pourquoi.

e. Je voudrais juste <u>un doigt</u> de champagne, s'il vous plaît.

f. Gérard est directeur. Philippe est son <u>bras droit</u>.

- aider
- un assistant
- détester
- une entrée/une sortie
- un peu de
- s'occuper de

38

3 Le caractère

Faites correspondre le caractère, les attitudes et les paroles.

Caractère	Attitudes	Paroles
courageux (-geuse)	a. Il aime rire, danser, bien manger.	1. « Je voudrais connaître le monde. »
curieux (-rieuse)	b. Elle aime voyager, rencontrer des gens.	2. « On va faire la fête ! »
généreux (-reuse)	c. Il fait des cadeaux. Il aide les autres. Il partage.	3. « Je paie pour vous. »
joyeux (-yeuse)	d. Elle aime vivre tranquillement.	4. « Ça m'est égal. »
calme	e. Il n'a pas peur.	5. « J'ai tout mon temps. »
indifférente (e)	f. Elle n'est pas intéressée.	6. « Je vais visiter une région dangereuse. »

GRAMMAIRE

4 Conjugaison des nouveaux verbes au présent

Mettez les verbes entre parenthèses au présent.

Le commandant Cousteau parle de la mer.

« Nous (découvrir) un monde nouveau. Des paysages merveilleux (dormir) dans l'océan. Des animaux extraordinaires (vivre) sous l'eau. Malheureusement, les hommes d'aujourd'hui (devenir) dangereux pour la mer. Moi, je n'(attendre) pas la fin de ce monde merveilleux. Je (défendre) tous les jours ce formidable héritage. »

5 Passé composé des verbes pronominaux

Mettez les verbes entre parenthèses au passé composé.

Conversation entre deux amies le 15 juillet, après la fête du 14.

« Hier, Maurice et moi, nous (danser) toute la nuit. Nous (se coucher) à 5 heures du matin. Je (se lever) à 8 heures. Toute la journée, je (s'occuper) des touristes étrangers. Nous (se promener) dans Paris. Ils (ne pas se reposer) une minute. Moi non plus.

– Eh bien nous, nous (ne pas se coucher). Nous (faire la fête) toute la nuit...»

6 L'imparfait

Mettez les verbes entre parenthèses à l'imparfait.

Un habitant de Noisy, dans la banlieue parisienne, parle du passé.

« Dans les années 50, Noisy (être) une petite ville. Tout le monde (se connaître). On ne (prendre) pas le RER[1]. Il n'y (avoir) pas toutes ces voitures. Je (pouvoir) jouer au football dans les rues. On ne (regarder) pas la télévision. Et nous ne (partir) pas en vacances. Nous n'(être) pas gâtés comme vous. Mais nous (vivre) heureux. »

1. RER = Réseau Express Régional (métro rapide pour Paris et sa banlieue).

7 Passé composé ou imparfait

Mettez les verbes entre parenthèses au passé composé ou à l'imparfait.

a. Hier après-midi, Renaud (voir) Margot. Elle (se promener) avec Vincent au jardin du Luxembourg.

b. L'année dernière, nous (aller) en Grèce. C'(être) au mois d'avril. Il n'y (avoir) pas beaucoup de touristes. Nous (passer) des vacances formidables.

c. Mardi dernier, le commandant Cousteau (présenter) son dernier film. (Je) (adorer) ce film.

d. Ce matin, Catherine (aller) à la banque. Elle (être) fermée.

8 Féminin et pluriel des adjectifs

Mettez les adjectifs à la forme qui convient.

-eux/-euse, eux/-euses
- un homme généreux/ une femme généreuse
- des hommes généreux/ des femmes généreuses

-er/-ère, -ers/-ères
- un mot étranger/ une langue étrangère
- des mots étrangers/ des langues étrangères

-en/-enne, ens/-ennes -on/-onne, ons/-onnes
- un port européen/ une ville européenne
- des ports européens/ des villes européennes

-f/-ve, -fs/-ves
- un garçon sportif/ une fille sportive
- des garçons sportifs/ des filles sportives

a. Isabelle Authissier est, comme Florence Artaud, une femme (sportif) et (courageux). Elle aime les expériences (dangereux).

b. Hier, j'ai fait une (bon) affaire. J'ai acheté deux robes pas (cher) et de (premier) qualité.

c. Catherine et Annie ont mis trois jours pour aller de Paris à Nice. La route est (long) et, comme elles sont (curieux), elles se sont arrêtées dans tous les endroits (intéressant).

d. Mireille Mathieu est une chanteuse (brun) aux cheveux (court). Elle a chanté dans toutes les capitales (européen).

ÉCRITS ET ÉCRITURES

9 Récits

1.
Figure-toi que, finalement, je suis allée voir
Carmen vendredi à l'opéra. Tu sais que je n'avais
pas de place. Eh bien, vendredi à 6 heures : coup
de téléphone. C'était Gérard. Il avait deux places.
Nathalie était malade. Il m'a proposé sa place.

4.
Saint-Denis, le 3 mars.

Un voyageur de 58 ans qui voulait descendre en marche d'un train à la gare de Saint-Denis a glissé sur le marche-pied. Il est mort écrasé.

5.
On se promenait au bord de l'Oise. Tout à coup, on a entendu un « plouf » puis des cris. C'était une fillette de 3 ans. Elle était tombée dans la rivière. À ce moment-là, un garçon de 14 ans a sauté dans l'eau et a ramené la petite fille.

2.
Bordeaux, le 5 février.

■ Près de 10 000 personnes venues de toute la région ont défilé hier dans les rues de Bordeaux. La manifestation était organisée par la CGT et six autres organisations syndicales pour défendre la Sécurité sociale.

3.
Le squelette d'un dinosaure a été découvert en janvier dernier dans la région de Midelt au Maroc.

Ce squelette faisait 4 mètres de long et datait de 60 millions d'années.

a. **Lisez ces cinq récits. Quel(s) récit(s) peut-on trouver :**

– dans un journal ?

– dans un magazine d'information scientifique ?

– dans une conversation orale ou dans une lettre amicale ?

b. **Dans chaque récit, relevez les informations suivantes :**

Récits	Date de l'événement	Lieu	Personnages	Type d'événement
1.	vendredi	domicile opéra	une femme et ses deux amis : Gérard et Nathalie	proposition de place et spectacle à l'opéra

c. **Dans les récits 1., 2., 3., observez le rôle du passé composé et de l'imparfait.**

1. Passé composé → actions principales
Je suis allée voir Carmen.

Imparfait → actions secondaires, décor, commentaires, explications, etc.
Je n'avais pas de place.

10 Rédiger un récit au passé

a. **Biographie. D'après les informations ci-dessous, rédigez une courte biographie du poète Arthur Rimbaud.**
Utilisez le passé composé et l'imparfait.

« Arthur Rimbaud est né en 1854 à Charleville. C'était un enfant intelligent mais… »

Arthur Rimbaud

1854	Naissance à Charleville. Enfant intelligent. Caractère difficile.
1869	Élève au collège de la ville. Passionné par la poésie. Écrit ses premiers poèmes. Admirateur de Victor Hugo.
1871	Paris. Rencontre avec le poète Verlaine. Amitié difficile (nombreuses disputes).
1873	Publie *Une saison en enfer* et *Les Illuminations*.
1875-1890	Voyages en Europe, puis en Arabie. Vit de petits métiers. Rêve de faire fortune.
1891	Retour en France, malade. Mort le 10 novembre.

b. **Aventure**

Début (3 mai)   Fin (10 juillet)

Voici le début et la fin d'une aventure.
Imaginez des épisodes entre le début et la fin et racontez.

« Pierre, Jacques et François ont décidé… »

Leçon **8**

VOCABULAIRE

1 Le petit déjeuner

a. Classez les aliments dans les rubriques suivantes :

- boissons
- pain et céréales
- laitages
- viandes, œufs, poissons
- fruits

b. Composez votre petit déjeuner préféré.

Les petits déjeuners en Europe	
Royaume-Uni thé, jus de fruits, céréales, toasts, marmelade, beurre, œufs, bacon	**Italie** expresso ou cappucino, brioche
Pays-Bas café, jambon, pain, beurre, gouda, jus de fruits, sirop de pomme, céréales	**France** café au lait, tartines beurrées ou croissants
RFA café, compote, fromage, viandes froides, pains, beurre	**Espagne** café au lait, pain grillé, beurre

2 Les spécialités

Trouvez la composition de ces plats régionaux. Utilisez les mots de la liste.

- du bœuf
- du beurre
- des carottes
- de la farine
- du fromage
- des haricots blancs
- du lait
- des oignons
- des champignons
- des œufs
- du pain
- du poulet
- des lardons
- des saucisses
- du sel
- du sucre
- du vin blanc
- du vin rouge

Le cassoulet (Toulouse et Sud-Ouest)

La fondue (Savoie)

Les crêpes (Bretagne)

Le bœuf bourguignon (Bourgogne)

« Dans le cassoulet, il y a des haricots blancs,... »

43

Achats et quantité

Que demandez-vous quand vous achetez les choses suivantes ?

Associez les aliments ou les objets avec la quantité.

Exemple : un kilo de pommes de terre, de haricots, etc.

une boîte – une bouteille – une douzaine – un kilo – un paquet – une plaquette

- les allumettes
- le beurre
- le café
- le chocolat
- les cigarettes

- l'eau minérale
- les haricots
- les pommes de terre
- les œufs
- les tomates

GRAMMAIRE

4 Les articles

Complétez avec un article défini, indéfini ou partitif.

a. Nous avons .... monde à dîner ce soir. Pense à acheter .... pain, prends quatre baguettes, s'il te plaît !

b. J'ai .... bière au réfrigérateur. Est-ce que vous voulez .... bière ?

c. .... thé est prêt. Est-ce que vous voulez .... thé ?

d. J'aime bien .... glace. Est-ce qu'il y a .... glace au dessert ?
   Avec .... crème chantilly, c'est délicieux.

5 Encore / ne ... plus

Nathalie va faire un gâteau aux pommes. Elle demande à son mari de vérifier ce qu'il reste. Observez le document et rédigez le dialogue.

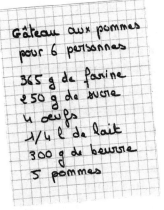

Gâteau aux pommes
pour 6 personnes

365 g de farine
250 g de sucre
4 œufs
1/4 l de lait
300 g de beurre
5 pommes

NATHALIE : Est-ce qu'il reste de la farine ?

GÉRARD : Non, il n'y a plus de farine.

NATHALIE : ....

6 La quantité

a. Complétez avec *un peu de, un morceau de, quelques.*

Dialogue entre Mme Lucet et son invitée

– Reprenez .... bœuf bourguignon !

– Non merci, mais je vais prendre .... frites. Et je voudrais .... pain, s'il vous plaît !

– Vous ne buvez pas .... vin ?

– Non merci, juste .... eau.

– Vous ne mangez pas beaucoup, vous savez. Mais peut-être que vous préférez le dessert. Vous allez avoir un gros .... gâteau au chocolat.

b. Complétez avec *quelques*, *plusieurs*, *beaucoup* (*de*), *tout* (*toutes*, *tous*, *toutes*).

Un garçon de café parle à son patron.

« Nous avons vraiment .... travail. Nous restons debout .... la journée. Nous arrêtons de servir juste .... minutes pour manger. Nous sommes seulement deux et nous ne pouvons pas servir .... le monde. En ce moment, il y a .... touristes. Ce matin, ... d'entre eux se sont levés et sont allés au bar d'à côté. Pourquoi ne prenez-vous pas .... jeunes pour l'été ? »

7 *Quelque chose – ne ... rien / quelqu'un – ne ... personne*

Compléments du verbe
– Vous cherchez **quelqu'un** ?
– Je **ne** cherche **personne**.
– Vous cherchez **quelque chose** ?
– Je **ne** cherche **rien**.
Sujets du verbe
– **Quelqu'un** est venu ?
– **Personne** n'est venu.
– **Quelque chose** a changé ?
– **Rien** n'a changé.

Une journaliste fait une enquête sur une maison hantée. Complétez les questions et les réponses.

J (journaliste) : Est-ce que quelqu'un habite ici ?

V (voisins) : Non, ...

J : Est-ce que vous entendez quelque chose la nuit ?

V : Oui, ...

J : Est-ce que vous voyez quelqu'un ?

V : Non, ...

J : Est-ce que quelqu'un est entré dans la maison ?

V : Oui, ... est entré : moi.

J : Et vous avez découvert .... ?

V : Non, je n'ai .... découvert.

8 Consonnes finales non prononcées des adjectifs et participes passés

Écrivez la forme du féminin et prononcez-la.

Le féminin permet souvent de trouver la consonne finale d'un adjectif ou d'un participe passé. *Exemple :* froid → de l'eau froi**de**

un garçon souriant   → une fille ....

un billet gratuit   → une place ....

un drapeau vert   → une salade ....

un repas excellent   → une crème ....

un garçon gentil   → une fille ....

Attention !

un drapeau blanc   → une voiture ....

un légume frais   → une boisson ....

un nez long   → une robe ....

ÉCRITS ET ÉCRITURES

9 Choisir un restaurant

LA CARAVELLE
104, avenue de Choisy
75013 Paris M° Tolbiac
Tél. 44 24 10 56
• Restaurant italien et pizzeria.
• De 12h à 14h30
et de 19h à 23h30.
Fermé le lundi et en août.
• Carte : environ 120 F. CB.
Un resto-pizzeria dédié au ciné : préférez la séance du soir, car le midi la salle est un peu trop bondée. Une cuisine de bonne qualité pour dire « t'as de beaux yeux, tu sais » à votre conquête, sous l'œil connaisseur de Gabin et Morgan...[1]

Guide Paris Combines, Solar, 1995.

LE NOUVEAU CHINATOWN
6, rue de la Pépinière
75008 Paris M° Saint-Lazare
Tél. 45 22 86 90
• Cuisine chinoise, vietnamienne et thaïlandaise. Animation karaoké tous les soirs (sauf le dimanche).
• Tous les jours, de 12h à 14h30 et de 19h à 23h30.
• Menus : 65 F (le midi) et 80 F. À la carte : 150 F.
Où manger chinois, pas cher et dans une ambiance « karaoké » ?[2] Au Nouveau Chinatown, bien sûr, où la musique et une cuisine simple mais de qualité vous feront passer une soirée vraiment sympa... C'est le resto idéal pour faire la fête entre copains !

L'ATLAS
10, bd Saint-Germain
75005 Paris M° Maubert-Mutualité
Tél. 44 07 23 66
• Spécialités marocaines.
• Tous les jours, de 12h à 15h et de 19h30 à 23h.
• À la carte : de 180 F à 250 F.
Couscous Atlas : 120 F. Pastilla : 85 F
Tagine poisson : 120 F.
Tagine pruneaux amandes : 99 F.
Desserts : de 35 F à 65 F. CB.
L' un de nos Marocains préférés à Paris. À deux pas de l'Institut du monde arabe, un personnel adorable et compétent vous propose un choix incroyable de tagines (notamment le confit de canard aux dattes, inhabituel mais divin). Génial !

CASA PÉPÉ
5, rue Mouffetard
75005 Paris M° Cardinal-Lemoine
Tél. 43 54 97 33
Cadeau Club : un verre de sangria.
• Cuisine espagnole classique. Flamenco « live » le soir, guitare et chant.
• Le soir seulement, de 20h à 2h.
• Menu à 250 F (apéritif et vin compris). CB.
In-con-tour-nable ! On vient chez Pépé pour la qualité des viandes et des poissons grillés, pour la délicieuse paella, mais surtout, bien sûr, pour l'ambiance survoltée par le flamenco et la sévillana joués et dansés entre les tables !

1. Jean Gabin et Michèle Morgan sont de célèbres acteurs. Ils ont joué ensemble dans le film *Quai des Brumes* (1938). Dans ce film, Jean Gabin dit (à Michèle Morgan) la phrase célèbre : « T'as de beaux yeux, tu sais ! »

2. Karaoké : possibilité de chanter une chanson en écoutant son accompagnement musical.

a. Cherchez ce qui est original dans chaque restaurant.

b. Relevez les adjectifs qui caractérisent :
   – la cuisine, les plats : simple, de qualité, etc.
   – l'ambiance : sympa, etc.

c. Relevez et complétez les mots abrégés.
   sympa → sympathique

d. Dans les noms de plats et d'aliments, cherchez les mots français.

e. Dans quel(s) restaurant(s) pourriez-vous manger :
   – un samedi à minuit ?
   – un lundi à midi ?

10 Dialogue imaginaire

Le Magasin du bonheur

Le milliardaire[1] :   Et ça, qu'est-ce que c'est ?

La vie :   – Ça, c'est la maison du bonheur.
Elle coûte le prix d'une histoire d'amour.

Le milliardaire :   – J'achète la maison et je paye avec un chèque.
Et ça, qu'est-ce que c'est ?

La vie :   – Ça, c'est la photo du bonheur.
Elle coûte une chanson d'amour tous les jours.

Le milliardaire :   – Très bien, je paie avec ma carte de crédit.
Et j'achète aussi le sourire de la jeune fille.
Et ça, qu'est-ce que c'est ?

La vie :   – Ça, c'est le parfum du bonheur.
Il a le prix d'un mot d'amour.

Le milliardaire :   – Je prends aussi le parfum.
Et je veux un paquet cadeau !
Et ça, qu'est-ce que c'est ?

La vie :   – Ça, c'est une rose rouge.
Elle coûte un simple baiser d'amour.

Le milliardaire :   – Je veux un bouquet de roses.
Tenez, je paye en billets.
Mais je veux la monnaie, s'il vous plaît !
Et ça, qu'est-ce que c'est ?

La vie :   – Ça, c'est le bonheur, la spécialité du magasin.

Le milliardaire :   – Et c'est combien ? Je paie comment ?

La vie :   – Ça, Monsieur, ça n'a pas de prix.
Et c'est gratuit comme la vie.

1. un milliardaire : un homme très riche

a. **Lisez ce poème.**

Qui sont les personnages ? Où se passe la scène ?

b. **Relevez les mots et complétez le tableau.**

Que veut acheter le milliardaire ?	Combien (qu'est-ce que) ça coûte ?	Comment paie-t-il ?
la maison du bonheur	le prix d'une histoire d'amour	

c. **Quelle phrase reflète le mieux le sens du poème ?**

1. L'argent ne fait pas le bonheur.

2. Le bonheur coûte cher.

3. Le bonheur ne coûte rien.

VOCABULAIRE

1 Le temps

Quel temps fait-il en Bretagne ?

Aujourd'hui, 10 janvier

Le 30 août dernier

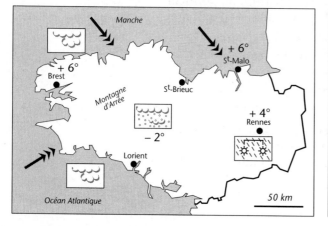

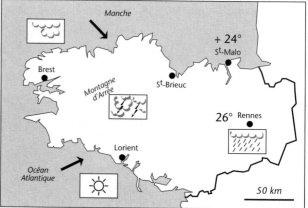

> **Pour localiser**
> À Brest, il fait …
> Sur l'océan Atlantique, sur la Manche,
> au nord, au sud, à l'est, à l'ouest, au centre,
> dans le nord de la région …

– Aujourd'hui, 10 janvier, le temps est nuageux au nord-ouest, dans la région de Brest ....

– Le 30 août dernier, il y avait un vent très fort sur les côtes de la Manche ....

2 Incidents de voyage

Voici des mésaventures vécues par des touristes en France.
Que dites-vous pour les aider ?

Pour	Vous dites
a. la perte d'un passeport	1. Il y a un garage en ville.
b. une panne de voiture	2. Téléphonez à votre assurance !
c. une grève de la SNCF	3. Il y a d'autres hôtels dans les villages des environs.
d. un embouteillage sur l'autoroute	4. Allez au commissariat de police !
e. un accident de voiture	5. L'aéroport est à 15 km. Prenez l'avion !
f. tous les hôtels sont complets	6. Prenez une petite route de campagne !

3 Les réactions aux événements

Face aux événements suivants, quel est votre sentiment ?
Que dites-vous ?

Événements et situations	Vous êtes...	Vous dites...
a. Au théâtre, un monsieur s'est assis sur le chapeau de son voisin.	amusé choqué	Ça ne fait rien. C'est scandaleux !
b. Le P-DG d'une grande société gagne un million de francs par mois.	étonné indifférent	C'est drôle. C'est étonnant.
c. Arthur a passé son baccalauréat à 8 ans.	indigné	C'est choquant !
d. Dans cette entreprise tout le monde se dit « tu ».		
e. À table, quand il mange, il fait beaucoup de bruit, occupe beaucoup de place, renverse son verre, etc.		

GRAMMAIRE

4 Situer dans le temps

Complétez la lettre avec les mots de la liste.

Ma chère Elsa,

Je connais Marc depuis l'âge de 11 ans.
Nous sommes allés ensemble à l'école… plusieurs années. Il est resté très sérieux… au bac. Il ne sortait pas… Mais à l'université,… j'ai découvert un Marc différent. Nous partons tous les deux en Grèce… juillet prochain. Et nous nous marions… 1er décembre. Tu es invitée.

Amitiés.

Stéphanie

- jusqu'(au)
- cette année
- en
- pendant
- souvent
- le

5 Situation dans le temps et interrogation (présent)

a. Lisez l'article de journal.

b. Répondez aux questions.

1. Depuis combien de temps les pilotes sont-ils en grève ?
2. Depuis quand les voyageurs attendent-ils ?
3. Quand les syndicats ont-ils rencontré le directeur ?
4. Pendant combien de temps ont-ils discuté ?
5. À quelle date doivent-ils se revoir ?

AIR FRANCE : DEUXIÈME JOUR DE GRÈVE

■ Depuis le lundi 2 août, les pilotes d'Air France sont en grève. Et depuis deux jours, beaucoup de voyageurs attendent le départ d'un avion. Hier, les syndicats de pilotes ont discuté avec le PDG d'Air France pendant 8 heures. Ils ne se sont pas mis d'accord. Mais ils doivent se rencontrer une deuxième fois à la fin de la semaine.

6 Interrogation sur le moment et la durée

Posez les questions permettant d'avoir les informations soulignées.

Exemple : À quel âge Montaine a vécu une aventure extraordinaire ?
→ À l'âge de deux ans.

La petite reine des neiges

À l'âge de deux ans, Montaine a vécu une aventure extra-ordinaire. Pendant plusieurs mois, elle a traversé le Grand Nord canadien avec ses parents. Son papa, Nicolas Vanier, voulait faire ce voyage depuis longtemps. Ils sont partis en juin 1994. Dans la forêt, ils ont voyagé à cheval. Mais après l'arrivée de l'hiver, ils ont dû continuer avec des chiens et un traîneau comme les Inuits. La nuit, la température descendait à -45°. Mais Montaine est restée en bonne santé jusqu'au retour.

D'après *Paris Match*, 13 avril 1995.

7 Passé composé ou imparfait

Mettez les verbes entre parenthèses au temps qui convient.

La semaine dernière, il (faire) beau. Nous (faire) le tour du massif de l'Esterel.
Nous (monter) au pic de l'Ours (496 m). Le paysage (être) magnifique.
Il n'y (avoir) pas de nuages. On (voir) les Alpes et la mer. Mais c'(être) une
promenade sportive. Et quand nous (descendre), j'(être) fatiguée.

8 Faire des noms avec un verbe

a. **Complétez le tableau.**

Action	Acteur	Actrice
chanter	un chanteur	une chanteuse
danser	un danseur	
		une admiratrice
	un lecteur	
fumer		
se promener		
	un chercheur	
explorer		
	un connaisseur	
	un réparateur	

b. **Complétez les phrases avec le nom qui convient.**

1. Il fait cinq repas par jour.
   C'est un gros ....

2. Il se lève tous les jours à midi.
   C'est un grand ....

3. Elle a fait le tour du monde.
   C'est une grande ....

4. Elle a vu tous les films d'Alain Delon.
   C'est une grande .... de l'acteur.

5. Il achète beaucoup. Mais il paie trois mois après. C'est un mauvais ....

6. Il est chômeur et va tous les jours à l'ANPE.
   C'est un .... d'emploi.

LA CROISIÈRE VERTE

Dans le sud-ouest de la France, entre Toulouse et le port de Sète, le canal du Midi coule sous un ciel souvent bleu à travers de beaux paysages. Une invitation au voyage fluvial.

À VOIR

◆ **Port Lauragais**
Sur une petite île artificielle au bord du canal, un centre d'information et d'exposition. On y raconte toute l'histoire du canal depuis le projet de Paul Riquet, au XVIIe siècle.

◆ **Castelnaudary**
Arrêt obligatoire pour goûter le célèbre cassoulet et visiter l'abbaye Saint-Michel.

◆ **Carcassonne**
La magnifique cité médiévale, ses remparts, son château du XIIe siècle et son église Saint-Nazaire, en partie romane et en partie gothique.

◆ **Narbonne**
L'ancienne capitale du sud de la Gaule à l'époque romaine. Vestiges romains. Musée archéologique. Cathédrale Saint-Just et palais des archevêques.

◆ **Les Corbières**
Pour goûter ses vins fameux et faire des promenades à vélo.

◆ **La Montagne Noire**
Pour des marches à pied et des promenades à VTT.

Voyager, n° 49, mars 1995.

LA CROISIÈRE EN BATEAU

Départs

On peut partir de l'écluse de Négra pour faire le voyage dans le sens Toulouse-Sète ou de la base d'Argens pour un trajet en sens contraire.

Location de bateau

Permis bateau non obligatoire.
On peut louer pour un aller simple ou un aller-retour.
La durée minimale de location est d'un week-end.
Il existe des bateaux de 9,30 m (jusqu'à 5 personnes) et de 15 m (12 personnes maximum).
Comptez 5 000 F pour la location d'un 9,30 m, 180 F pour la location d'un vélo, 180 F pour le parking de votre voiture, 700 F pour le retour en taxi si vous faites l'aller simple.

Renseignements

Locaboat-Plaisance à Joigny 86 91 72 72

COUPS DE CŒUR

RESTAURANTS

• « Aux deux Acacias ». Dans le village de Villepinte, à un kilomètre du canal en vélo. Menu petit prix avec cassoulet maison compris. Service rapide et efficace.

• « Restaurant du chat qui pêche » et « Le Pourquoi pas ». Deux haltes sympas à quelques centaines de mètres d'intervalle, au bord du canal au niveau d'Argeliers.

• « L'Escale ombragée » à Olonzac. Menus variés pour ce restaurant dont la terrasse a vue sur l'écluse double.

HÔTELS

• Hôtel du canal à Castelnaudary. Petit hôtel de charme sur les berges du canal qui allie le confort moderne à la qualité d'un accueil soigné et familial. Terrasse agréable.

• Le Clos des Muscats, à Homps. Dans le centre du village, une demeure de caractère, rénovée mais qui a conservé tout son cachet. Jardin et piscine invitent au repos. Cuisine raffinée en prime.

Voyager, n° 49, mars 1995.

Prenez connaissance de la documentation des pages 51 et 52 sur la Croisière verte. Vous êtes employé à l'Office du tourisme de Toulouse. Répondez aux questions de ce touriste.

a. Nous sommes un groupe de dix touristes et nous avons des goûts différents. Est-ce que cette promenade en bateau sur le canal du Midi peut intéresser :
   – un amateur d'histoire et monuments anciens ?
   – un sportif ?
   – un amateur de paysages originaux ?
   – un amateur de bonne cuisine ?
   – un enfant de 12 ans ?

b. Est-ce qu'on doit savoir piloter un bateau ?
   Est-ce que c'est difficile ?

c. Est-ce qu'on peut louer le bateau pour deux jours seulement ?

d. Est-ce qu'on doit revenir au point de départ ?

e. Est-ce que vous connaissez un restaurant pas cher avec des spécialités locales ?

f. Est-ce que vous connaissez un hôtel simple avec vue sur le canal ?

g. Quand on arrête le bateau et qu'on veut visiter les environs, comment fait-on ?

h. Est-ce qu'il y a des bateaux pour dix personnes ?

Entracte

UNITÉ 3

1 Jeu des 7 erreurs

Relevez 7 erreurs
dans le dessin b.

a.

b.

2 Charades

a. Mon premier est le contraire de « sur ».

On mange beaucoup mon deuxième en Asie.

Mon troisième est une année.

Mon tout montre son charme.

b. Mon premier est l'amie de « un ».

Mon deuxième est une saison froide.

Mon troisième est une note de musique.

On boit beaucoup mon quatrième en Angleterre.

Mon tout est un lieu de savoir.

3 Proverbes coupés

Retrouvez les proverbes.

a. Impossible …

b. L'argent …

c. La nuit, tous les chats …

d. On ne discute pas …

e. Rien ne sert de courir …

1. … sont gris.

2. … il faut partir à point.

3. … ne fait pas le bonheur.

4. … n'est pas français.

5. … des goûts et des couleurs.

4 Passez du rouge au vert

Enlevez, puis ajoutez une lettre.

| R | O | U | G | E |

Une des quatre de la voiture.

De Rivoli, de la Paix, etc.

Note de musique.

Peut être muet.

Terminaison de l'infinitif des verbes du premier groupe.

Petit animal. Il vit dans la terre.

| V | E | R | T |

5 Le paysage

Complétez à l'aide des définitions. Dans les cases grises, lisez
verticalement le prénom et le nom d'un peintre moderne du paysage.

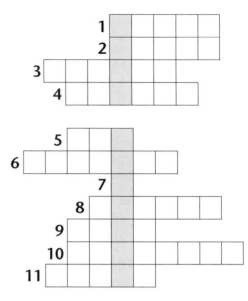

1. Au bord de la mer.
2. Il fait de l'ombre.
3. La Seine.
4. Le jour, dans le ciel.
5. Petite mer dans la montagne.
6. Cours d'eau.

7. Dernière lettre de l'alphabet.
8. Entre deux montagnes.
9. Pour traverser la rivière.
10. Haute.
11. Beaucoup d'arbres.

6 Le corps : expressions imagées

Trouvez le sens des expressions soulignées.

a. Elle a fait son travail les doigts dans le nez.

b. Ça entre par une oreille et ça sort par l'autre.

c. Elle a un poil dans la main.

d. Elle a mis les pieds dans le plat.

e. Elle donne sa langue au chat.

f. Elle s'est levée du pied gauche.

g. Elle a le bras long.

h. Elle a les dents longues.

1. Elle est paresseuse.

2. Elle a parlé sans réfléchir.

3. Elle oublie tout.

4. Facilement.

5. Elle est ambitieuse.

6. Elle a des relations utiles.

7. Elle ne sait pas.

8. Elle est de mauvaise humeur.

Réponses

1. 1. Il manque un immeuble – 2. Pas d'oiseau dans
l'arbre – 3. Pas d'ampoule au lampadaire – 4. L'homme
a une petite oreille – 5. Il a une chaussure blanche –
6. La femme a les cheveux courts – 7. Pas de sac.

2. a. sous-riz-an : souriant – b. une-hiver-si-thé : université

3. a4 – b3 – c1 – d5 – e2

4. rouge – roue – rue – ré – e – ré – ver – vert

5. 1. plage – 2. arbre – 3. fleuve – 4. soleil – 5. lac –
6. rivière – 7. z – 8. vallée – 9. pont – 10. montagne –
11. forêt

6. a4. b3. c1. d2. e7. f8. g6. h5

VOCABULAIRE

1 L'entreprise

a. Voici neuf verbes importants pour parler de l'entreprise.
À quoi s'appliquent-ils ?

Exemple : acheter un produit

acheter – augmenter – baisser – commander –
diriger – engager – fabriquer – licencier –
vendre

- ■ le produit
- ■ les prix
- ■ le personnel

b. Trouvez le nom de l'action exprimée par ces verbes.

Exemple : acheter → un achat

L'entreprise

Lisez l'article. Relevez les changements réalisés
dans les différents services de JOCO.
Classez-les dans le tableau.

> **UN EXEMPLE DE MODERNISATION : LES JOUETS JOCO**
>
> JOCO est devenue un exemple d'entreprise performante. Son PDG s'explique :
>
> « Dans les années 80, JOCO s'est adaptée à la concurrence. Nous ne vendions pas beaucoup de jouets à l'étranger. Nous avons baissé les prix. Maintenant, nous exportons la moitié de notre production. Nous avons engagé de jeunes commerciaux dynamiques. Et puis, nous utilisons des robots pour fabriquer tous nos jouets. Nos clients peuvent passer commande par télécopie. Nous répondons très vite à leur demande. Nous avons adapté les horaires du personnel mais nous n'avons licencié personne. Nous avons seulement un peu baissé les salaires. »

Production	Communication	Ventes	Gestion du personnel
		L'entreprise s'est adaptée à la concurrence.	

La communication

Dans quel but utilise-t-on les moyens de communications suivants ?

- ■ L'affiche
- ■ Le Minitel
- ■ L'ordinateur
- ■ Le répondeur
- ■ La réunion
- ■ La téléconférence
- ■ La télécopie

a. envoyer une lettre urgente

b. gérer le budget d'une entreprise

c. faire la publicité d'un produit

d. avoir la liste des entreprises d'une ville

e. se réunir, discuter sans se déplacer

f. discuter d'un projet

g. laisser un message quand le correspondant est absent

4 Les moyens de transport

Utilisez les mots de la liste pour répondre.

Comment se déplace-t-on...

1. pour faire le rallye Paris-Dakar ?
2. pour aller de Paris à New-York en huit heures ?
3. pour faire une croisière en Méditerranée ?
4. pour faire le Tour de France cycliste ?
5. pour faire une promenade en forêt ?
6. pour traverser Paris ?
7. pour aller de Paris à Orléans ?

- en (auto)bus
- en avion
- à cheval
- en métro
- à moto
- à pied
- en taxi
- en train
- à vélo
- en voiture
- en bateau

GRAMMAIRE ET ORTHOGRAPHE

5 Passé récent – présent progressif – futur proche

Lisez les phrases a, b, c, d. Cherchez dans la liste ce qui s'est passé avant et ce qui va se passer après.
Rédigez un mini-récit comme dans l'exemple.

Exemple : Patrick vient de se lever. Il est en train de prendre une douche. Il va partir travailler.

a. Les archéologues sont en train d'étudier les vestiges d'une maison antique.

b. Je suis en train de me reposer sur l'aire de repos de l'autoroute.

c. La cinéaste est en train de faire le budget du film.

d. Tu fais un stage dans une entreprise.

- chercher du travail
- choisir les comédiens
- découvrir les vestiges
- écrire un scénario
- faire 500 km
- finir ses études
- publier un article
- repartir

6 Encore / ne... plus

Une vieille institutrice parle du passé de son village. Réécrivez le texte au présent en indiquant ce qui a changé (–) et ce qui n'a pas changé (+). Modifiez la construction des phrases si c'est nécessaire.

Exemple : « Le paysage est encore beau. Mais Ornay n'est plus un grand village... »

« Le paysage était très beau. (+)

Ornay était un grand village. (–)

Nous habitions dans la grande ferme près de la forêt. (+)

Le soir, les voisins se réunissaient chez nous pour parler. (–)

Il y avait une école communale. (+)

Il y avait beaucoup d'enfants dans cette école. (–)

Il y avait une belle église romane. (+)

Le dimanche, les gens allaient à l'église. (–)

Toutes les familles avaient des vaches et on faisait de l'excellent fromage. (–) »

7 La fréquence

D'après vous, quelles sont les activités qu'ils font *toujours, souvent, pas souvent, quelquefois, rarement* ou qu'ils ne font *jamais*.

Exemple : La voisine bavarde et indiscrète
→ Elle sait toujours tout.
Elle pose souvent des questions indiscrètes, etc.

a. **La voisine bavarde et indiscrète.**

Elle sait tout.

Elle pose des questions indiscrètes.

Elle entre chez nous sans avertir.

Elle garde pour elle les secrets des autres.

b. **La championne sportive consciencieuse.**

Elle s'entraîne.

Elle fume.

Elle fait de bons petits repas.

Elle reste en forme.

c. **Le vieux célibataire égoïste.**

Il vit seul.

Il parle à ses voisins.

Il invite des amis.

Il parle seul.

d. **L'animateur de télévision dynamique et populaire.**

Il est fatigué.

Il raconte des histoires drôles.

Il est gai.

Il se met en colère.

8 Les suffixes *-ation, -tion, -sion*

Les ouvriers en grève rédigent un tract.
Continuez d'après le discours du responsable syndical.

-ation
(cas fréquent avec les verbes en -er)
préparer → une préparation

-tion
définir → une définition

-sion
comprendre → la compréhension
décider → la décision

On doit augmenter nos salaires, diminuer les heures de travail de nuit, organiser les équipes de nuit, annuler le projet de licenciement du personnel, confirmer nos avantages de retraite, installer des salles de repos dans l'entreprise, informer les ouvriers sur l'avenir de l'entreprise… et décider tout cela rapidement !

Nous voulons

• Une augmentation de nos salaires,
•
•
•

ÉCRITS ET ÉCRITURES

9 Instructions

a. Remettez dans l'ordre les différentes opérations qu'on peut lire
sur les écrans d'un téléphone public à télécarte et d'un distributeur
de billets de banque.

Téléphone public (à télécarte)

- Raccrochez.
- Attendez la tonalité.
- Insérez votre télécarte.
- Décrochez.
- Retirez votre carte.
- Composez votre numéro ou
  faites un numéro d'urgence.
- Vérifiez le nombre d'unités
  restantes.

Distributeur de billets
de banque

- Composez votre montant.
- Retirez votre carte.
  Vous avez demandé 1 000 F.
- Demandez-vous un reçu ?
  Oui : appuyez sur validation
  Non : appuyez sur correction.
- Vous pouvez introduire
  votre carte.
- Validez ou corrigez.
- Composez votre code
  confidentiel.
- Retirez vos billets.

b. Cherchez quelles instructions on peut trouver :

- sur un horodateur (à pièces de monnaie),
- sur l'écran d'une billetterie automatique
  de gare.

c. Dans le monde actuel, l'automatisation se
développe. Imaginez un distributeur original
ou une machine originale.
Rédigez les instructions.

Exemples : un restaurant automatisé (sans serveur)
un magasin automatisé (sans vendeurs
et sans caissiers), etc.

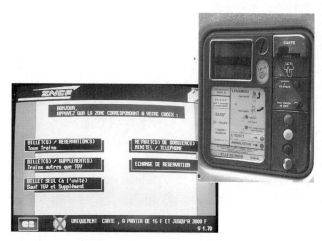

🔟 Histoire en images

Rédigez le récit de cette histoire.

1.

4.

5.   6.

7.   8.

a. **Notez par de courtes phrases les informations apportées par chaque image.**

Exemple : 1. L'entreprise Paul Dulin est une importante fabrique de vêtements.

b. **Imaginez des informations complémentaires.**

Exemple : 1. L'entreprise Dulin est située dans la banlieue de Lille. Elle emploie 200 personnes.

c. **Imaginez une conclusion à l'histoire.**

– L'entreprise fait faillite.
– Paul Dulin doit licencier du personnel.
– Quelqu'un a une idée.

d. **Rédigez au présent le récit de cette histoire. N'oubliez pas d'indiquer :**

1. La succession des événements.

En octobre 1996, l'entreprise Dulin … . Quelques jours après, … . Alors …, etc.

2. Les relations entre les situations.

L'entreprise Dulin est une grosse entreprise mais … . Paul Dulin est mécontent parce que …, etc.

Vocabulaire utile

- acheter
- les achats
- vendre
- les ventes
- diminuer
- baisser / augmenter
- jeter
- jetable
- mettre à la poubelle
- protester
- manifester
- demander l'interdiction de…

VOCABULAIRE

1 Obligations et interdictions

Complétez avec un mot de la liste.

a. Dans les examens de langue étrangère, le dictionnaire bilingue est généralement .... Mais quelquefois l'utilisation du dictionnaire unilingue est ....

b. À l'hôpital, les visites aux malades sont .... de 10 heures à 19 heures.

c. Au baccalauréat, le français, les mathématiques sont des matières .... Le dessin et la musique sont des matières .... On n'est pas obligé de les choisir. La note compte seulement si elle est bonne.

d. « Regardez ce panneau ! Le stationnement est .... ici. Il est seulement .... cinq minutes pour les camions de livraison. »

e. « Damien, n'écris pas sur le mur, c'est .... ! »

- interdit
- défendu
- toléré
- permis
- autorisé
- facultatif / obligatoire

2 Situations d'urgence

Qui appelez-vous dans les situations suivantes ?

a. Un blessé doit aller à l'hôpital d'urgence.

b. Votre chat a mangé du poison.

c. Vous devez acheter un médicament à minuit.

d. Un enfant a bu un produit dangereux.

e. Il y a un incendie dans votre hôtel.

f. Une personne souffre de solitude.

1. le centre antipoison
2. SOS amitié
3. le vétérinaire
4. le SAMU
5. les pompiers
6. la pharmacie de garde

3 La santé et la maladie

Caroline a eu la grippe. Remettez dans l'ordre les 10 étapes suivantes.

a. Elle appelle un médecin.

b. Elle prend les médicaments.

c. Elle a mal à la tête.

d. Elle se sent fatiguée.

e. Elle est guérie.

f. Elle prend sa température.

g. La fièvre tombe.

h. Le médecin rédige une ordonnance.

i. Elle voit qu'elle a de la fièvre.

j. Elle envoie son mari à la pharmacie.

1. → c. Caroline a mal à la tête.

4 Emplois figurés

Lisez ces titres. Relevez les mots
qui appartiennent au vocabulaire de la santé
et de la maladie.

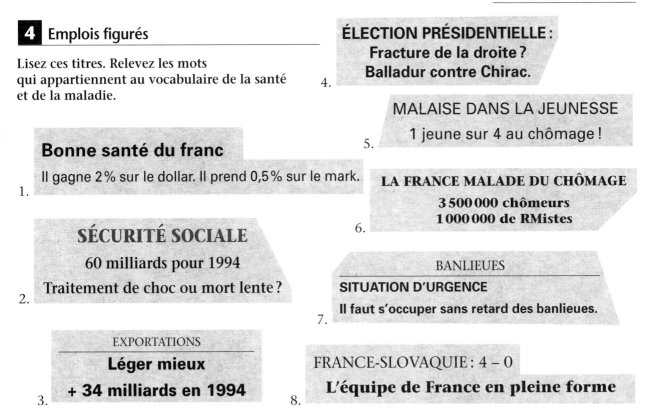

1. **Bonne santé du franc**
   Il gagne 2 % sur le dollar. Il prend 0,5 % sur le mark.

2. SÉCURITÉ SOCIALE
   60 milliards pour 1994
   Traitement de choc ou mort lente ?

3. EXPORTATIONS
   Léger mieux
   + 34 milliards en 1994

4. ÉLECTION PRÉSIDENTIELLE :
   Fracture de la droite ?
   Balladur contre Chirac.

5. MALAISE DANS LA JEUNESSE
   1 jeune sur 4 au chômage !

6. LA FRANCE MALADE DU CHÔMAGE
   3 500 000 chômeurs
   1 000 000 de RMistes

7. BANLIEUES
   SITUATION D'URGENCE
   Il faut s'occuper sans retard des banlieues.

8. FRANCE-SLOVAQUIE : 4 – 0
   L'équipe de France en pleine forme

Classez les informations dans le tableau.

Sujet	Vocabulaire de la santé et de la maladie	Information positive ou négative
1. Le franc (économie)	bonne santé	+
2.		

GRAMMAIRE ET ORTHOGRAPHE

5 Le pronom complément direct

**Complétez avec le pronom complément
qui convient.**

Lettre de rupture

Cher Jean-Michel,

Je … aime beaucoup. Mais nous sommes très différents. Maintenant je crois que je … connais bien, mais toi, tu … connais mal. Tu n'acceptes pas mes amis. Moi, je … adore. Tu adores ta mère. C'est normal et crois-moi je … respecte. Mais je … trouve un peu vieux jeu et je ne … comprends pas toujours. Et puis, tu veux … épouser. Moi, je recherche seulement une belle aventure. Tu … refuses. Tout … sépare. Alors, il faut … quitter.

Adieu.

Armelle

6 Le pronom complément direct et le passé composé

Complétez ce dialogue entre un garagiste et son client.

c : Vous avez réparé ma voiture ?

g : Oui, nous ....

c : Votre technicien a contrôlé les freins ?

g : Oui, il ....

c : Il a vérifié la batterie ?

g : Oui, il ....

c : Vous avez changé les pneus ?

g : Non, nous .... Ce n'était pas nécessaire. Ils sont encore en bon état.

c : Vous avez installé le nouvel auto-radio ?

g : Non, je .... Il est un peu cher. J'attendais votre accord.

7 Le pronom complément direct et l'impératif

Pierre hésite entre les deux nouvelles formes de télévision : la télé câblée et la télé satellite. Jean lui donne des conseils. Paul n'est pas d'accord. Continuez comme dans l'exemple :

Jean	Paul
– Prenez la télé câblée !	– Ne la prenez pas !
– Ne prenez pas la télé satellite !	– ....
– N'installez pas une antenne parabolique !	etc.
– Suivez mon conseil !	
– Écoutez-moi !	
– Lisez ma documentation !	

8 L'accord du participe passé

être + participe passé
Le participe passé s'accorde avec le sujet du verbe (voir p. 23).

avoir + participe passé
Le participe passé s'accorde avec le complément d'objet direct du verbe quand ce complément est placé avant le verbe :
J'ai vu cette pièce de théâtre.
– Cette pièce de théâtre, je l'ai vue.
Vous avez lu ces articles ?
– Je les ai lus.
Vous avez écouté les nouvelles ?
– Je les ai écoutées.
Vous avez compris ses explications ?
– Je les ai comprises.

Mettez les verbes entre parenthèses au passé composé et accordez les participes passés.

Une mère de famille revient au bureau après quinze jours de vacances en Martinique.

– Tu (recevoir) ma carte ?

– Je l'(recevoir) ce matin. Comme d'habitude, elle (mettre) dix jours pour arriver. Alors tu (trouver) des choses intéressantes à acheter ?

– Pas grand-chose. Deux robes. Je les (acheter) pour cet été.

– Tu (partir) seule avec ton mari ou vous (emmener) les enfants ?

– Nous les (emmener) mais ils ont été très gentils. Les filles (rester) sur la plage. Elle (acheter) des cassettes de musique créole et les (écouter) toute la journée. Les garçons (rencontrer) des petits Martiniquais. Ces enfants sympathiques les (emmener) à la pêche.

ÉCRITS ET ÉCRITURE

9 Échec ou réussite

Lisez cette bande dessinée.

Franquin et Jidéhem, *Le Bureau des gaffes en gros*, Éditions Dupuis, 1970.

a. **Repérez les personnages.**

Gaston porte un pull-over.
Fantasio fume la pipe.

b. **Choisissez les bonnes réponses.**

Que fait Gaston ?

1. Il invente quelque chose.
2. Il répare un téléviseur.
3. Il fait une expérience.

Que se passe-t-il à la fin ?

1. L'appareil tombe en panne.
2. L'appareil cause une panne.
3. L'appareil ne peut pas marcher.

c. **Quels mots peuvent caractériser chaque personnage ?**

incompétent – bricoleur – naïf – étonné – intéressé

d. **Qu'a fait Gaston avant la situation de la première image ?**

e. **Cherchez dans le texte les mots synonymes de :**

fabriquer – aller très vite – être utile à quelque chose – un non-spécialiste

f. **Choisissez un titre pour cette histoire.**

La panne d'électricité

Pour inventer, il faut essayer

Bricolage et mauvaise surprise

g. **Faites, en cinq lignes, le récit de cette aventure.**

10 Récit d'un incident

> Montpellier, le 28 mai
>
> Chers amis,
>
> J'ai une bien mauvaise nouvelle à vous annoncer. Michel a fait avant-hier une chute de cheval. Il est mal tombé et s'est cassé une jambe. Heureusement il était avec deux amis. Ils l'ont conduit à la clinique Pasteur et il a été bien soigné. Mais il va devoir rester immobile pendant quinze jours et après il va marcher difficilement pendant deux mois. Mais son moral est bon. Il va profiter de ces deux mois pour préparer son examen. Nous n'allons donc pas pouvoir venir chez vous le week-end du 15 juin. Mais nous espérons pouvoir vous voir avant la fin de l'été. Croyez que nous sommes désolés.
>
> Bien amicalement.
>
> Corinne

a. Lisez la lettre ci-dessus.

– À qui écrit Corinne ?

– D'après vous, qui est Michel ?

– Pour quelles raisons Corinne écrit-elle ?

→ raison principale

→ autres raisons

b. Repérez (marquez au crayon) les différents moments de la lettre :

– la phrase d'introduction

– le récit de l'accident :

→ l'événement

→ les causes

→ les conséquences

– le refus de l'invitation

– l'excuse.

Entourez les mots d'enchaînement des idées : *heureusement – mais...*

c. Pour une des raisons ci-dessous vous êtes obligé(e) de refuser une invitation. Rédigez la lettre.

1.

2.

3.

VOCABULAIRE

1 La communication

a. Faites le test.

ÊTES-VOUS L'AMI(E) IDÉAL(E) ?	
oui = 2 points ; plus ou moins = 1 point ; non = 0 point	
vos points	vos points

1. Vous aimez accueillir vos amis chez vous. ☐

2. Vous aimez discuter de tout avec eux. ☐

3. Quand vous n'êtes pas d'accord, vous respectez leurs opinions. ☐

4. Quand vous voyagez, vous leur envoyez une carte postale. ☐

5. Quand ils vous écrivent, vous n'oubliez jamais de répondre. ☐

6. Vous leur téléphonez parfois pour leur donner des nouvelles. ☐

7. Parfois, vous leur offrez un petit cadeau. ☐

8. Pendant les vacances vous leur prêtez votre maison. ☐

9. Ils peuvent vous emprunter votre voiture. ☐

10. Dans les situations difficiles, vous les aidez toujours. ☐

11. Ils vous parlent de leurs problèmes psychologiques. ☐

12. Vous ne leur posez jamais de questions indiscrètes. ☐

De 0 à 8 : Attention à la solitude !
De 8 à 16 : Vous découvrez l'amitié. Mais vous pouvez vous améliorer.
De 16 à 24 : Vous êtes un(e) ami(e) fidèle. Vos amis vous adorent.

b. **Complétez avec un verbe trouvé dans les phrases de ce test.**

– Ma voiture est en panne. Je vais .... la voiture de Pierre.
Il ne l'utilise pas beaucoup et il la .... toujours à ses amis.

– Hélène est allée faire un séjour linguistique en Italie. Elle a été
.... dans une famille milanaise.

– Nathalie est en vacances dans les Pyrénées. Elle .... une carte
postale à son amie Cathy pour lui .... de ses nouvelles.

2 Création et adaptation

**La société CRILIX a quelques problèmes. Lisez le rapport de l'expert.
Formulez ses conseils comme dans l'exemple.
Utilisez une seule fois chaque verbe de la liste.**

Société CRILIX – VÊTEMENTS

a. L'image de l'entreprise n'est pas bonne chez les jeunes.
→ Il faut améliorer cette image.

b. CRILIX n'a pas de produits originaux. ....

- adapter
- améliorer
- créer
- imaginer
- inventer
- transformer

c. Le logo de l'entreprise n'est pas bon. ....

d. Les publicités de CRILIX sont banales. ....

e. Les vêtements fabriqués par CRILIX
ne correspondent pas aux goûts actuels. ....

f. L'entreprise est mal organisée. ....

GRAMMAIRE ET ORTHOGRAPHE

3 Conjugaisons du présent

Mettez les verbes entre parenthèses au présent.

a. **Verbes en -*dre***

Après le spectacle, à la sortie des artistes, les spectateurs veulent voir la vedette.

LE PORTIER : Je vous (défendre) d'entrer. Vous (entendre) ?

UN SPECTATEUR : Mais nous (attendre) depuis une heure. Nous voulons la voir. Vous (comprendre) ?

LE PORTIER : Vous (perdre) votre temps. Elle (descendre) toujours par un autre escalier. Écrivez-lui. Elle (répondre) toujours.

b. **Verbes en -*yer***

M. BLANC : En ce moment, nous (employer) 35 personnes. Mais j'(essayer) d'engager des stagiaires. Nous les (payer) bien. J'ai mis une annonce dans un journal. Beaucoup de jeunes m'(envoyer) leur curriculum vitae.

4 Les pronoms compléments directs ou indirects

Dans la lettre suivante, soulignez les pronoms compléments (directs ou indirects). Classez-les dans le tableau. Indiquez le nom qu'ils remplacent et la construction du verbe.

« Xavier et Inès viennent nous voir ce week-end. Nous les attendons. Samedi, je leur montre Lyon et je les accompagne au musée des Beaux-Arts. Le soir, nous leur offrons le restaurant. Nous les invitons à la Tour rose. Dimanche, Cathy s'occupe d'Inès. Elle l'emmène voir le palais idéal du Facteur Cheval à Hauterives. Xavier m'a demandé de l'accompagner dans le Beaujolais. Je vais lui indiquer quelques bonnes caves. »

Pronoms compléments directs	Pronoms compléments indirects
nous voir → nous = Cathy et moi voir = voir quelqu'un	je **leur** montre → leur (Xavier et Inès) → montrer quelque chose à quelqu'un

5 Les pronoms compléments indirects

Complétez avec un pronom indirect.

L'entraîneur de l'équipe de France de rugby explique son travail à des journalistes :

« Je dois être proche de mes joueurs. Je dois .... donner de l'énergie et de la confiance. Je .... parle beaucoup. C'est très important. Quand un joueur a un problème, il peut .... parler et je .... donne des conseils. Mais je sais aussi être autoritaire. Les veilles de match, je .... interdis de se coucher tard et je .... défends de voir des journalistes. Vous savez, vous les journalistes, vous .... demandez toujours trop de choses : des interviews, des photos, des émissions de radio ou de télé. »

6 Les pronoms compléments et le passé composé

Complétez le dialogue en utilisant un pronom complément direct ou indirect.

Un représentant discute avec une cliente.

LE REPRÉSENTANT : Est-ce que vous avez vu nos nouveaux modèles ?

LA CLIENTE : Non, ...

LE REPRÉSENTANT : Est-ce que vous avez eu le catalogue ?

LA CLIENTE : Non, ...

LE REPRÉSENTANT : Votre mari a reçu la documentation bricolage ?

LA CLIENTE : Non, ...

LE REPRÉSENTANT : Est-ce qu'on a pris votre adresse ?

LA CLIENTE : Oui, ...

LE REPRÉSENTANT : Vous avez téléphoné au directeur des ventes pour le catalogue ?

LA CLIENTE : Oui, ...

LE REPRÉSENTANT : Vous avez écrit à la direction ?

LA CLIENTE : Oui, ...

7 Les homonymes grammaticaux

Certains mots ou groupes de petits mots grammaticaux se prononcent de la même manière mais n'ont pas le même sens.

Exemple : Il **t'a** pris **ta** voiture. Elle **l'a** vue à **la** gare.

Complétez les phrases suivantes avec les homonymes indiqués entre parenthèses.

– Les voleurs .... pris .... sac. (mon – m'ont)

– Tu .... dit : « .... femme .... quitté. » (ma – m'as – m'a)

– Les douaniers .... demandé .... passeport. (ton – t'ont)

– .... mère .... appelé(e). (ta – t'a)

– Marie a trouvé .... maison de ses rêves.
Elle .... achetée le mois dernier. En ce moment, elle .... rénove. Est-ce que tu .... vue ? (la – l'as – l'a)

– .... disques de Jacques Brel, je .... ai beaucoup écoutés dans les années 70. On .... entend encore à la radio. Surtout *Le Plat Pays*. Je .... encore entendu ce matin. (les – l'ai)

ÉCRITS ET ÉCRITURE

8 Lire un document d'informations pratiques

DES CARTES POUR VOYAGER PAS CHER

LA CARTE INTERNATIONALE D'ÉTUDIANT

est la seule à reconnaître le statut d'étudiant à l'étranger. Elle offre de très nombreux avantages dans près de 70 pays, en matière d'hébergement, de transports et de loisirs. Cette carte coûte 60 F. Pour tout renseignement, vous pouvez contacter les bureaux OTU : 6-8, rue Jean Calvin 75005 PARIS, tél. 43 36 80 47.

1.

LA CARTE INTERNATIONALE DES AUBERGES DE JEUNESSE

Accessible à tous, sans limite d'âge, cette carte donne accès à plus de 6000 auberges dans le monde entier. Elle coûte 100 F du 1er janvier au 31 décembre. Elle est disponible auprès de la FUAJ 27, rue Pajol 75018 PARIS, tél. 44 89 87 27 et Association inter-départementale des Auberges de jeunesse de la région parisienne : 10, rue Notre-Dame de Lorette 75009 PARIS, tél. 42 85 55 40.

2.

LA CARTE CAMPUS

offre de nombreux avantages dans les domaines des études, des loisirs et des voyages, plus une garantie assistance-voyage. Vous pouvez l'obtenir pour 200 F, valable 1 an à : MNEF 132, boulevard Saint-Michel 75258 PARIS Cedex 05. Centre téléphonique en Île-de-France, tél. 30 75 08 20 ou 3615 MNEF.

3.

LA CARTE GO 25

ou carte jeune internationale s'adresse aux moins de 25 ans. Valable en Europe et dans une vingtaine de pays dans le monde entier. Nombreuses réductions en matière de transports, d'hébergement, de services touristiques et activités culturelles. La carte vaut 45 F. Voir les bureaux OTU : 6-8, rue Jean Calvin 75005 PARIS, tél. 43 36 80 47.

4.

LA CARTE CLUB ÉTUDIANT

est la carte de la mutuelle étudiante SMEREP offrant une assistance voyage d'un an. Des tarifs préférentiels sur les locations Pierre et Vacances ou les billets d'avion Look Charters vous seront accordés. Vous pouvez l'acquérir pour la somme de 150 F, valable 1 an. SMEREP 54, boulevard Saint-Michel 75006 PARIS, tél. : 44 41 74 44, 3615 SMEREP.

5.

LA CARTE CLUB DE L'OFFICIEL DU TOURISME

sans limitation d'âge, propose jusqu'à 50 % de réduction sur la plupart des prestations touristiques. Exemples : restaurants, magasins, hébergements, avions, activités nautiques et sportives, locations de voitures et de bateaux, matériels de photo, excursions… Coûte 150 F par an et 200 F pour 2 ans. Renseignements : L'Officiel du Tourisme, service abonnements C/O Prodige 36, rue de Picpus 75012 PARIS, tél. 43 42 07 27.

6.

*Le Catalogue officiel du tourisme,*1994.

a. **Pour chacune des cartes présentées ci-dessus, recherchez les informations ci-dessous. Présentez ces informations dans un tableau.**

	1.	2.	
Qui peut avoir cette carte ? Y a-t-il des conditions particulières ?	Les étudiants		
Quel est son prix ?	60 F		
Quelle est sa durée de validité ?	On ne sait pas		
Quels avantages offre cette carte ?	Hébergement, transports, loisirs, en France et dans 70 pays étrangers		

b. **Quelle carte vont choisir ces personnes ?**
   Quelles informations complémentaires vont-elles demander ?

– Henri Dumont est employé dans une banque. Il a 30 ans. Il veut prendre une année de congé et faire le tour du monde.

– Mireille a 23 ans. Elle est institutrice. Pendant un mois, en été, elle veut voyager en Europe dans les villes où il y a des festivals de musique.

9 Rédiger un texte sans faire de répétitions

Rédigez les textes correspondant aux situations suivantes.
Utilisez les pronoms compléments (*me, le, la, les, lui*, etc.) pour ne pas
répéter certains mots.

a. **Le rapport de M. Dubourg.**

M. Dubourg est représentant commercial pour
une grande maison d'édition. Il a rencontré la
directrice de la librairie Sumer. Voici ses notes.
Rédigez-les.

Jeudi 25 octobre.

*Visite de la librairie SUMER. Rencontre
avec Mme Delarue, directrice. Bon accueil.
Invitation à déjeuner. Montré nouvelle
collection de livres d'art. Très appréciée.
Commande de la totalité de la collection
en 10 exemplaires. Proposé « La Grande
Histoire de la philosophie ». Refusée. Mme
Delarue souhaite beaucoup de livres pour
enfants (pour les fêtes de Noël).*

« J'ai fait une visite à la librairie Sumer. J'ai
rencontré…»

b. **Le scénario du cinéaste.**

Pendant un voyage en train, un cinéaste a une
idée de scénario. Il écrit quelques notes sur un
papier. Rédigez-les.

*Michel est assis à la terrasse d'un café. Une
jeune fille (Mélanie) est assise à la table à
côté. Michel regarde Mélanie. Michel
demande du feu à Mélanie. Michel propose à
Mélanie d'aller voir l'exposition d'un ami
peintre. Visite de l'exposition. Michel présente
son ami peintre (Gérard) à Mélanie. Gérard
montre ses tableaux à Michel et à Mélanie.
Mélanie est intéressée par un tableau. Gérard
invite Mélanie à venir voir son atelier [...].*

UNITÉ 4 Entracte

1 Mots fléchés

Maladie – Santé – Urgences.

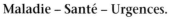

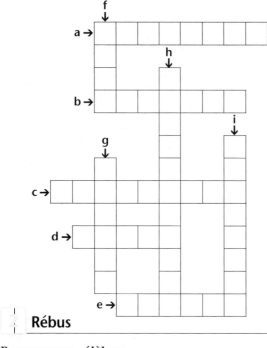

a. Sentiment d'être seul.

b. Ne peut pas attendre.

c. On y vend des médicaments.

d. Premier des biens.

e. État d'une jambe après une mauvaise chute.

f. Service d'urgence (sigle).

g. Ne se sent pas bien.

h. Utilisés contre la maladie.

i. Conséquence possible d'un accident.

Rébus

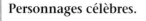

Personnages célèbres.

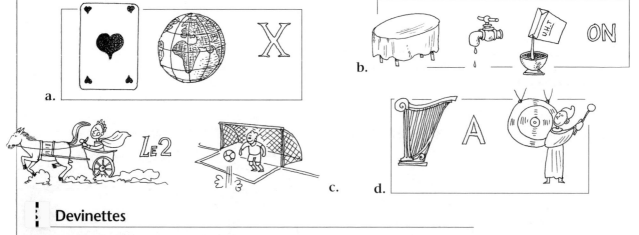

a.

b.

c.

d.

Devinettes

Qu'est-ce que c'est ?

a. Bien ou mal rangée
J'emmène le nécessaire
Toujours prête pour voyager.

b. Avec moi on peut voyager
Mais il faut me réserver
Et bien sûr me payer.

c. Je suis pleine dans la journée
Et vide à la nuit tombée.

d. Normalement je suis blanc
Mais quand je tombe, je deviens jaune.

Dans un magasin de vêtements

LA CLIENTE : Bonjour. Hier, je vous ai acheté ce tablier de cuisine. Je viens le changer.

LA VENDEUSE : Mais pourquoi ? Hier, il vous allait très bien.

LA CLIENTE : Oui, mais il est un peu petit pour mon mari.

À la sortie de l'école

LE PREMIER ÉLÈVE : Tu as su faire le devoir ?

LE DEUXIÈME ÉLÈVE : Non, j'ai rendu feuille blanche.

LE PREMIER ÉLÈVE : Moi aussi.

LE DEUXIÈME ÉLÈVE : Zut ! Le prof va encore dire qu'on a copié.

Au bord du lac

LE GARDE-PÊCHE : Monsieur, la pêche est interdite ici ! Je vais vous faire un procès-verbal.

LE PÊCHEUR : Mais je ne pêche pas ! Je fais seulement prendre un bain à mon ver de terre. Et la baignade n'est pas interdite !

LE GARDE-PÊCHE : D'accord, mais je vous fais quand même un procès-verbal ... parce qu'il est interdit de se baigner sans maillot de bain.

Dans la chambre, le soir

MADAME MARTIN : Mais enfin, Henri, je ne comprends pas. Pourquoi poses-tu tous les soirs, sur la table de nuit, un verre plein d'eau et un verre vide ?

MONSIEUR MARTIN : Parce que la nuit, quand je me réveille, quelquefois j'ai soif... et quelquefois je n'ai pas soif.

Réponses

1. a. solitude – b. urgence – c. pharmacie – d. santé. – e. cassée – f. SAMU – g. malade – h. médicaments – i. blessure

2. a. Astérix : as-terre-x – b. Napoléon : nappe-eau-lait-on – c. Charles de Gaulle : char-le-deux-goal – d. Harpagon : harpe-a-gong

3. une valise – un billet – une chaussure – un œuf

UNITÉ 5 — *Leçon* **13**

VOCABULAIRE

1 L'école

Lisez cet emploi du temps d'un élève de collège et répondez.

	Lundi	Mardi	Mercredi	Jeudi	Vendredi	Samedi
8 h	Dessin	Musique		Français	Mathématiques	Mathématiques
9 h	Allemand	Histoire		Français	Biologie	Allemand
10 h	Anglais	Français		Mathématiques	Biologie	Anglais
11 h	Sport	Mathématiques		Allemand	Français	Géographie
12 h						
13 h 30	Histoire	Technologie		Latin	Latin	
14 h 30	Physique	Physique		Sport	Anglais	
15 h 30	Technologie	Latin		Sport	français	
16 h 30						

a. Quels sont les jours de congé des élèves ?

b. Quelle est la durée :

– de l'enseignement littéraire ?

– de l'enseignement scientifique ?

– de l'enseignement artistique ?

c. Dans quelle matière peut-on faire chacune des activités suivantes :

– apprendre par cœur ?

– chanter ?

– compter et calculer ?

– étudier l'Antiquité ?

– faire un schéma ?

– faire du sport ?

– dessiner ?

– traduire ?

– lire et commenter ?

– observer une carte ?

2 L'enseignement

Complétez avec un verbe de la liste.

a. Céline est étudiante en lettres. En ce moment, elle .... le théâtre de Molière. Elle .... un exposé sur cet auteur.

b. Jacques Durand est professeur de collège. Il .... la biologie.
Il .... 18 heures de cours par semaine.

c. Les écoles hôtelières .... les jeunes aux métiers de cuisinier, de serveur, etc.

d. Anne veut apprendre le chinois. Depuis trois mois elle .... des cours à l'école des langues orientales.

■ donner

■ enseigner

■ étudier

■ former

■ préparer

■ suivre

3 Le pouvoir politique

a. Que dirigent-ils ?

le président de la République

le préfet

le Premier ministre

le président du conseil régional

le maire

■ l'État

■ le gouvernement

■ la région

■ le département

■ la commune

b. Qui est élu ? Qui est nommé ?

4 Les suffixes -(e)ment

Il faut distinguer :

La formation d'un nom à partir d'un verbe

– remercier

→ un remerciement

– renseigner

→ un renseignement

Cette formation se fait souvent avec des verbes en *-er*.

Elle donne des noms masculins.

La formation d'un adverbe à partir du féminin d'un adjectif

– lent(e)

→ lentement

– rapide

→ rapidement

Exemple :

Il travaille rapidement.

a. Complétez le tableau

Verbe	Nom
déranger	un dérangement
développer	
	un enseignement
gouverner	
	un équipement
commencer	
	le changement
ranger	

b. Transformez les phrases en remplaçant les verbes soulignés par un nom.

Excusez-moi de vous <u>déranger</u>. → Excusez-moi du dérangement.

Il est interdit de <u>stationner</u>. ....

<u>Enseigner</u> une langue étrangère est obligatoire. ....

Il faut <u>développer</u> l'industrie. ....

c. Utilisez le contraire des adjectifs soulignés pour former des adverbes et compléter les phrases.

Exemple : Il n'est pas <u>égoïste</u>. Il prête généreusement ses affaires.

– Le vieil homme ne va pas <u>vite</u>. Il marche ....

– Ce devoir n'est pas <u>difficile</u>. Je l'ai fait ....

– Le ministre n'a pas fait un discours très <u>court</u>. Il a parlé ....

– Le repas n'a pas été <u>triste</u>. Les invités ont dîné ....

– Le chef des ventes n'est pas un <u>timide</u>. Il a exposé .... au directeur les problèmes de l'entreprise.

GRAMMAIRE

5 Le futur

Mettez les verbes entre parenthèses au futur.

Le magazine *L'Étudiant* interroge Eva et Ludovic sur leurs projets.

L'ÉTUDIANT : Qu'est-ce que vous (faire) après vos études ?

EVA : Quand Ludovic (avoir) son diplôme de gestion, il (devoir) faire son service militaire. Moi, je (être) dessinatrice. Je (chercher) un emploi.

L'ÉTUDIANT : Ludovic, vous savez où vous (aller) faire votre service militaire ?

LUDOVIC : Non, mais je le (savoir) dans un mois. J'espère que je (partir) en coopération en Afrique.

L'ÉTUDIANT : Eva ne vous (suivre) pas en Afrique ?

Ludovic : Si, j'espère qu'elle (venir) avec moi.

EVA : On (voir)…

6 Présenter un projet

Le président de la région Provence-Alpes-Côte d'Azur présente le projet de technopole Sophia-Antipolis.
Mettez les verbes au temps qui convient.

« La technopole Sophia-Antipolis (être) un lieu de rencontre entre la recherche et l'industrie. Nous (développer) les secteurs de haute technologie. Nous (accueillir) les chercheurs étrangers et ils (s'installer) chez nous.

Ainsi, nous (préparer) l'avenir de la région et la Côte d'Azur (devenir) une région dynamique. »

Située près de Nice, la technopole Sophia-Antipolis regroupe différentes activités de recherche (informatique, électronique, bio-technologie, etc.).

7 La restriction et l'exception

Complétez avec *ne… que, seulement, sauf*.

Les derniers ours des Pyrénées

En France, il reste encore quelques ours. Mais ils ………………… sont ………………… une douzaine.
On ………………… les trouve ………………… dans les Pyrénées.

Et ………………… dans les vallées d'Aspe et d'Ossau.
Les petits ………………… naissent ………………… tous les deux ans. L'ours ne s'attaque pas à l'homme ………………… s'il se sent en danger. Sa chasse est interdite depuis 1958.

Ours des Pyrénées.

8 Lettres de demande

Lisez ces lettres (ou début de lettres).

a. **Pour chaque lettre, trouvez :**

   – qui écrit
   – ce que demande la personne qui écrit.

b. **Relevez :**

   – les formules de demande
   – les formules de politesse.

Madame, Monsieur,

   J'ai l'intention de passer, avec ma famille, le mois d'août dans votre région. Je vous serais très reconnaissante de bien vouloir me faire parvenir une documentation sur le département de l'Indre-et-Loire (itinéraires touristiques, présentation des châteaux de la Loire, guide des hôtels et des restaurants).

   Avec mes remerciements anticipés, je vous prie d'agréer, Madame, Monsieur, l'expression de mes sentiments les meilleurs.

Ma chère Carole,

Impossible de t'avoir au téléphone, ça ne répond pas.
Pourrais-tu m'envoyer la photocopie des derniers cours.
Je te remercie d'avance.
Amicalement.

                                        Laure

Cher Monsieur Prato,

J'ai enfin trouvé un travail intéressant à Paris.

Pourriez-vous me faire suivre mon courrier à l'adresse suivante :

Nicolas BOURGET 12, rue de Bagnolet 75020 PARIS

Avec tous mes remerciements, recevez l'expression de mon meilleur souvenir.

Monsieur le Directeur,

   Titulaire d'un DUT d'informatique industrielle, je souhaiterais me lancer dans le monde du travail après mon service militaire (en octobre prochain). J'ai découvert votre entreprise à l'occasion d'une enquête réalisée pendant ma deuxième année d'étude. J'ai été très intéressé par votre activité et je crois…

   Dans l'espoir que vous voudrez bien m'accorder un entretien, je vous prie d'agréer, Monsieur le Directeur, l'expression de mes sentiments respectueux.

9 Rédigez une lettre de demande

Quelques formules utiles pour les lettres officielles

Formules d'introduction
- J'ai l'honneur de… solliciter un poste, un congé, un entretien, etc.
présenter ma candidature à…
porter à votre connaissance les informations suivantes, les faits suivants.
- Je vous prie de trouver ci-joint un curriculum vitae, le dossier X, etc.

Pour demander (ces formules peuvent aussi servir d'introduction) :
Je vous serais reconnaissant(e) de bien vouloir examiner le projet, m'accorder un congé…
Je souhaiterais recevoir… avoir…, etc.

Formules de politesse
- Je vous prie d'agréer, Monsieur (Madame, Monsieur le Directeur, Madame le professeur,…)
- Je vous prie d'agréer l'expression de mes sentiments respectueux. ⎫ D'inférieur à supérieur
- Je vous prie d'agréer l'expression de mes salutations respectueuses. ⎭

- Je vous prie d'agréer l'expression de mes sentiments les meilleurs. ⎫ D'égal à égal
- Je vous prie de recevoir l'assurance de mes salutations distinguées. ⎭

a. Un étranger écrit au directeur des cours de français d'une université. Faites une lecture critique de sa lettre (ci-contre).
Réécrivez cette lettre selon le plan suivant :

1. Intention d'étudier dans cette université.

2. Demande de renseignements.

3. Remerciements et formule de politesse.

b. Vous êtes intéressé(e) par une offre d'emploi en France correspondant à votre profession. Rédigez une lettre de demande d'entretien selon le plan suivant :

1. Formule d'introduction. Demande générale.

2. Précision sur votre formation et vos compétences.

3. Intérêt pour le travail proposé.

4. Demande d'entretien.

5. Formule finale (souhaits et formule de politesse).

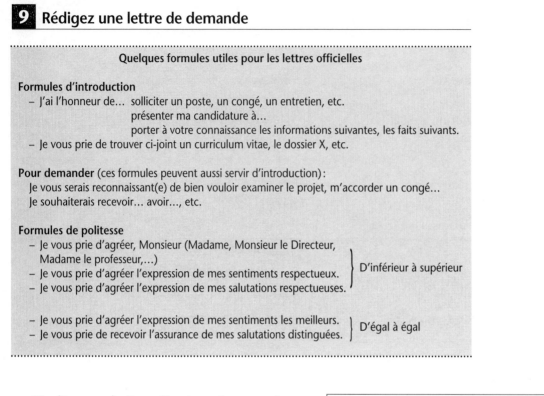

Bonjour M. Le Directeur !

On m'a dit que votre université organisait des cours de français en été. Ça m'intéresse.

Il faut m'envoyer une documentation sur ces cours. Je veux savoir le prix, les dates, comment on peut se loger, etc.

Merci beaucoup.

Amitiés.

Silvio Brand

VOCABULAIRE

Les vêtements

Ils se préparent pour un bal costumé. Faites la liste des vêtements qu'ils vont porter. Quels personnages veulent-ils imiter ?

La matière

a. **De quelle matière peuvent être faits les objets suivants ?**
   Trouvez dans la liste une matière par objet.

Exemple : une bague en or

1. une bague	6. une épée ancienne	11. un pull over
2. une bouteille	7. un foulard	12. un pantalon
3. un bracelet	8. une maison	13. une table
4. des chaussures	9. un miroir	14. un tuyau
5. une chemise	10. un imperméable	

- l'argent
- le bois
- le coton
- le cuir
- le cuivre
- le fer
- la laine
- l'or
- la pierre
- le plastique
- la soie
- le synthétique
- le velours
- le verre

b. **Complétez avec un nom de matière.**

L'........................ du Rhin est un célèbre opéra de Wagner.

La Tour d'........................ est un grand restaurant de Paris.

L'Homme de .... est une série télévisée américaine.

Marco Polo a suivi la route de la ....

L'île de Murano, près de Venise, est célèbre pour le travail du ....

77

L'histoire

Voici quelques grands événements de l'histoire de France depuis 1945. Trouvez dans la liste les dates de ces événements.

a. Fin de la Seconde Guerre mondiale. Droit de vote pour les femmes.

b. Signature du traité de Maastricht pour l'Union européenne.

c. Événements de mai. Révolte des étudiants. Grève générale et manifestations.

d. Guerre d'Algérie.

e. Guerre d'Indochine.

f. Création de la CEE (Communauté économique européenne).

g. Arrivée au pouvoir du général de Gaulle.

i. Arrivée au pouvoir de François Mitterrand.

- 1945
- 1947-1954
- 1956-1962
- 1957
- 1958
- 1968
- 1981
- 1992

Conflits sociaux

a. Lisez ces informations.

■ **Grèves**
Parfois la SNCF et la RATP (métro) font la grève pour améliorer leurs conditions de travail ou avoir une augmentation. Alors toute la région parisienne est bloquée.

■ **Guerre scolaire**
En 1994, les défenseurs de l'école publique sont descendus dans la rue. Ils étaient 1 million à refuser les nouvelles aides financières de l'État à l'École privée.

■ **Crise du monde rural**
En 1992, les agriculteurs se révoltent contre les accords de la PAC (Politique agricole commune) et la Coordinaiton agricole essaie de bloquer les accès à Paris avec des tracteurs.

■ **Action commando**
L'association DAL (Droit au logement) défend les sans-abri. Elle se bat pour eux en occupant les logements vides dans les grandes villes.

b. Complétez le tableau.

Conflit	Acteurs du conflit	Causes	Actions et conséquences

GRAMMAIRE

5 Le pronom *en* (idée de quantité)

Lisez le texte ci-contre. À la sortie d'un hypermarché un enquêteur pose des questions à M. Berger. Répondez pour lui.

– Vous avez des chiens?

– Combien en avez-vous?

– Vous vous occupez beaucoup d'eux?

– Est-ce que vous lisez des revues sur les chiens?

– Est-ce que vous avez lu des livres sur les chiens?

– Est-ce que vos chiens mangent du CRAKO?

– Pourquoi?

– Qu'est-ce qu'ils mangent alors?

– Ils en mangent beaucoup?

Monsieur Berger a trois chiens. Il les adore et s'occupe beaucoup d'eux. Dans sa bibliothèque il a une cinquantaine de livres sur les chiens et il est abonné à la revue *Vie des chiens*. Chaque semaine, il achète 10 kilos d'aliments pour chien. Il achète du CADOR, jamais du CRAKO parce que ses chiens ont horreur de ça.

6 Les pronoms *en* et *y* avec un verbe au présent

Dans la lettre suivante, remplacez les mots soulignés par un pronom pour éviter les répétitions. Utilisez *en*, *y*, *le*, *la* ou *les*.

Chère Martine,

Cette année, je suis allée faire du ski à Val d'Isère. Je suis <u>à Val d'Isère</u> depuis quatre jours mais je ne m'habitue pas <u>à cette station</u>. Il y a trop de monde. Mon moniteur de ski n'est pas sympathique. Je ne supporte pas <u>ce moniteur</u>. Ma chambre d'hôtel n'est pas confortable. J'ai horreur <u>de cette chambre d'hôtel</u>. Et puis je n'aime pas le ski. Je ne réussis pas à m'intéresser <u>au ski</u>. Hier soir, je suis allée dans une discothèque. Je me suis ennuyée à mourir <u>dans cette discothèque</u>. Bref, j'ai choisi Val d'Isère mais je regrette beaucoup <u>d'avoir choisi Val d'Isère</u>.

À bientôt.

Nathalie

7 les pronoms *en* et *y* avec un verbe au passé composé

Un journaliste fait l'interview d'un chercheur finlandais du CERN (Centre européen de recherche nucléaire) de Genève. Complétez les réponses comme dans l'exemple.

JOURNALISTE : Vous avez passé deux ans au CERN de Genève ?

CHERCHEUR : Oui, j'y ai passé deux ans.

JOURNALISTE : Vous vous êtes occupé de recherche atomique ?

CHERCHEUR : Oui, ...

JOURNALISTE : Vous vous êtes aussi intéressé à la physique des étoiles ?

CHERCHEUR : Oui, ...

JOURNALISTE : Vous vous êtes servi des travaux de Charpak ?

CHERCHEUR : Non, ...

JOURNALISTE : Vous avez pensé à retourner en Finlande ?

CHERCHEUR : Non, ...

JOURNALISTE : Alors, vous vous êtes bien adapté à Genève ?

CHERCHEUR : Oui, ...

8 Les pronoms *en* et *y* avec un verbe a l'impératif

Une jeune femme veut divorcer. Elle demande conseil à un psychologue. Complétez les réponses.

– Est-ce que je dois discuter du divorce avec mon mari ?   – Oui, discutez-en !

– Est-ce que je dois parler de ça autour de moi ?   – Non, ...

– Est-ce que nous devons penser à notre future organisation avec les enfants ?   – Oui, ...

– Est-ce que je dois réfléchir à ma situation future ?   – Oui, ...

– Est-ce que je dois chercher un emploi ?   – Oui, ...

9 *Pas assez – assez – trop*

Voici des titres de presse. Rédigez un sous-titre en utilisant les mots entre parenthèses comme dans l'exemple.

Université : les étudiants manifestent (étudiants/professeurs) → *Trop* d'étudiants, *pas assez* de professeurs.

Licenciements chez Usinox (travail/personnel)

Mauvaise saison touristique (soleil/pluie)

Salaires : mécontentement général (travailler/gagner)

Spectacle de danse surprenant mais ennuyeux (original/long)

ÉCRITS ET ÉCRITURES

10 Comprendre une explication

Les autodidactes

Les autodidactes nous montrent qu'on peut réussir dans la vie sans l'université et sans diplôme. Ainsi, Pierre Bérégovoy est devenu Premier ministre avec un simple CAP[1] d'ajusteur[2]. Et Alain Delon n'a lui aussi qu'un CAP de charcutier. Alain Prost n'a fait que des études secondaires. Roland Moreno, l'inventeur de la célèbre carte à puce[3], n'a passé que le bac. Comment expliquer ces réussites inattendues ?

Tout d'abord, l'école demande un travail de mémoire et de réflexion sur des sujets abstraits, éloignés des préoccupations quotidiennes. Les autodidactes n'ont pas ces qualités. Ils ont le goût de l'action et de la création. Pour Alain Ayache, sorti de l'école à 11 ans et devenu directeur de presse : « L'autodidacte ne sait pas. Donc, il doit imaginer. »

Ensuite, les autodidactes ont découvert très tôt la vraie vie. Ils se sont formés par l'expérience. Ils ont rencontré des problèmes et des difficultés. Ils ont appris à se battre pour gagner.

D'autre part, ils ont beaucoup travaillé. Michel Denisot journaliste et animateur de télévision le dit bien : « Quand je présentais le journal de 13 heures, je commençais ma journée à 5 heures de matin pour tout vérifier et ne pas faire d'erreur. »

Enfin, les autodidactes ont horreur de l'école mais ils adorent lire. Ce sont souvent des lecteurs passionnés.

1. CAP : certificat d'aptitude professionnelle

2. ajusteur : ouvrier qualifié dans la mécanique

3. carte à puce : carte avec micro-processeur (carte de crédit, carte de téléphone, etc.)

a. Complétez ces deux phrases pour expliquer le mot « autodidacte ».

L'autodidacte n'a pas réussi ....

Il a appris ....

b. **Présentez les autodidactes cités dans le texte.**

Nom	Situation de départ (ou formation)	Réussite professionnelle
P. Bérégovoy	CAP d'ajusteur	Premier ministre

c. **Trouvez quatre explications à la réussite des autodidactes.**

1. des qualités de ....

2. ....

d. **Relevez les mots de liaison.**

Ainsi, ...

11 Donner des explications pour une acceptation ou un refus

a. **Vous acceptez l'invitation ci-contre. Rédigez la réponse selon le plan suivant :**

1. Dites que vous avez bien reçu l'invitation. Remerciez.

2. Dites votre plaisir. Donnez deux raisons à ce plaisir.

3. Rédigez une phrase finale.

> *ALAIN ET CARLA TELLIER*
>
> Chers amis,
>
> Nous voici enfin installés dans notre nouvelle maison ! Nous invitons tous nos amis à une petite fête samedi 27 juin à partir de 20 h.
>
> Dans l'attente du plaisir de vous recevoir, recevez toutes nos amitiés.
>
> Carla et Alain

b. **Vous venez de refuser poliment l'invitation ci-contre. Vous écrivez à un(e) ami(e) et vous lui expliquez pourquoi vous avez refusé. Donnez cinq raisons à ce refus.**

Exemple : – Cédric était un ami mais il a beaucoup changé.
  – Vous n'avez pas envie
  ....

> *Monsieur et Madame Robert Chambon*
>
> *Monsieur et Madame Jacques Girard*
>
> *ont la joie de vous faire part du mariage de leurs enfants*
>
> *Sylviane et Cédric*
>
> *le 25 septembre à 17 heures en l'église de la Madeleine,*
>
> *et seraient heureux de vous accueillir, à l'issue de la cérémonie religieuse, au Domaine de Beauregard.*

c. **Vous répondez à l'invitation ci-contre et vous refusez. Expliquez votre refus. Donnez plusieurs raisons.**

Exemples : – Vous ne vous intéressez plus à l'archéologie.
  – Vous n'avez pas envie de passer un mois avec des gens inconnus. Etc.

> *Chère Constance,*
>
> *Ce petit mot pour te proposer de t'associer, pendant le mois d'août, à l'équipe de restauration du château de Broussac...*

VOCABULAIRE

1 Types d'habitation

Faites correspondre l'habitation et sa définition.

- un appartement
- un studio
- un château
- une villa
- une maison de campagne
- un(e) HLM
- un immeuble
- une résidence

a. grande construction des siècles passés avec parc

b. Les habitants de la ville y passent leur week-end.

c. habitation à loyer modéré

d. habitation collective

e. habitation collective de bon standing

f. logement d'une pièce

g. logement de plusieurs pièces dans une habitation collective

h. maison avec jardin situé en dehors du centre ville

2 Inventaire d'actions

Observez ces trois situations. Faites la liste de tout ce qui s'est passé entre la scène initiale et la scène finale.

Cherchez des verbes complémentaires dans un dictionnaire.

2. Préparatifs pour la fête

■ chercher une robe ■ essayer ■ etc.

1. Déménagement

■ chercher ■ visiter ■ acheter ■ louer
■ faire un emprunt ■ peindre ■ réparer ■ décorer
■ déménager ■ installer ■ préparer ■ etc.

Exemple : Ils ont cherché un appartement. Ils sont entrés dans une agence. Ils sont allés visiter un appartement. Ils ont loué l'appartement. Ils ont repeint l'appartement. Ils ont réparé… Ils ont déménagé, etc.

3. Délinquance

■ avoir envie de ■ surveiller ■ entrer ■ etc.

3 La maison

a. Trouvez le nom des parties de la maison.

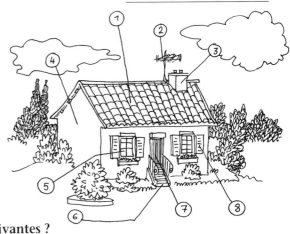

une antenne	☐	un mur	☐
une cheminée	☐	une porte	☐
un escalier	☐	un toit	☐
une fenêtre	☐	un volet	☐

b. Quel est le sens des mots soulignés dans les phrases suivantes ?

– Entre ces deux partis politiques, il y a un <u>mur</u> d'incompréhension.

– Entre les deux pays en guerre l'ONU a établi un <u>couloir</u> de sécurité.

– Dans le discours du Premier ministre il y avait deux <u>volets</u> : le chômage et l'insécurité.

– L'Abbé Pierre s'occupe beaucoup des personnes <u>sans toit</u>.

– Si on tolère l'utilisation des drogues, c'est la <u>porte</u> ouverte à tous les problèmes.

– La société Performance 2000 a une <u>antenne</u> à Paris.

GRAMMAIRE ET ORTHOGRAPHE

4 Rapporter les paroles de quelqu'un

a. Gilles va à l'ANPE.
Voici ce que l'employé lui dit :

« Asseyez-vous monsieur !
Comment vous appelez-vous ?
Montrez-moi votre curriculum vitae !
Que savez-vous faire ?
Il n'y a pas beaucoup d'offres d'emploi dans cette spécialité !
Parlez-vous une langue étrangère ? … »

À la sortie de l'ANPE, Gilles rencontre une amie. Il lui explique comment les choses se passent.

Rédigez la réponse de Gilles.

« D'abord, on te dit de t'asseoir. Après … »

b. Martine a prêté son appartement de Nice à ses amis Valérie et Yves. Quand Valérie et Yves arrivent à l'appartement, ils trouvent une lettre de Martine (voir ci-contre). Valérie la lit et explique à Yves les conseils de Martine. **Rédigez ce que dit Valérie.**
Utilisez les verbes : *dire – demander – conseiller/déconseiller – souhaiter*

« Martine nous conseille de… »

> Nice, le 03/07
> • Conseils pour votre séjour:
> – voir le musée d'Art moderne***
> – visiter le musée Chagall**
> – ne pas boire l'eau du robinet.
> • Valérie, deux petits services:
> – changer l'eau des poissons
> – ne pas oublier le chat !
> • Yves peut-il réparer le robinet ?
> Vous pouvez utiliser ma voiture. Papiers et clés sur la table.
> Bonnes vacances. Bises.
>
> Martine

Faire + verbe à l'infinitif

Un producteur de télévision donne son opinion sur les émissions humoristiques et satiriques. Transformez les phrases comme dans l'exemple.

Que pensez-vous des émissions comme « Les Guignols de l'info » sur Canal Plus, « Le Bébête show » sur TF1 ou « Rien à cirer » sur France Inter ?

– Tout le monde rit pendant ces émissions. → Ces émissions font rire tout le monde.

– Les jeunes découvrent la politique à travers ces émissions. ....

– Nous réfléchissons. ....

– Nous oublions nos problèmes. ....

– Elles ont beaucoup de succès. Alors l'audimat[1] monte. ....

1. audimat : mesure du nombre de téléspectateurs regardant une émission.

6 Irrégularités de quelques verbes en -er

(voir aussi Exercice 3, Leçon 12 p. 66)

Verbes en -ger
Forme particulière après *nous* :
manger → nous mangeons

Verbes du type *lever*
Alternance è / e
je lève – tu lèves – il lève – nous levons – vous levez – ils lèvent

Exception : quelques verbes en **-eler** et **-eter** qui doublent la consonne :
j'appelle / nous appelons
je jette / nous jetons

Mettez les verbes entre parenthèses au présent.

« En ce moment, nous faisons un régime pour maigrir. J' (acheter) beaucoup de fruits. Je (peser) les aliments très caloriques. Nous (changer) aussi nos habitudes. Nous (partager) mieux les trois repas principaux et nous (manger) léger à chaque repas.

Ah ! J'(appeler) François. C'est dimanche, et d'habitude il (se lever) tard. Mais ce matin, je l'(emmène) faire un jogging. Ça fait partie de notre régime. Nous (appeler) ça notre petit déjeuner d'air pur. »

7 Pluriel des noms et des adjectifs en -al

Pluriel des noms
un journal → des journaux
un cheval → des chevaux
Quelques exceptions :
un bal – un carnaval – un festival – un régal
(un bal → des bals)

Pluriel des adjectifs
un élu local → des élus locaux
une capitale régionale → des capitales régionales
Quelques exceptions :
final – banal – natal
(des articles banals)

Accordez les adjectifs :

– des centres (commercial)

– des spécialités (régional)

– des guerres (colonial)

– des artistes (original)

– des prix (normal)

– des échanges (international)

– des pays (natal)

– des fêtes (national)

ÉCRITS ET ÉCRITURE

8 Les faits divers

Agression sur l'autoroute
Deux jeunes délinquants arrêtés par la police.

Jeudi soir, Jacques Vignal, représentant de commerce, a quitté Paris pour rentrer chez lui, à Lyon, par l'autoroute. Après 300 km, vers une heure du matin, il s'est arrêté sur l'aire de repos proche de Tournus. À cette heure tardive, le parking était désert. M. Vignal s'est alors endormi dans sa voiture. Tout à coup, deux inconnus l'ont réveillé. Ils disaient vouloir du feu. Quand l'automobiliste a ouvert sa portière, ils l'ont frappé violemment et lui ont pris son argent. Heureusement, M. Vignal n'était que blessé et a pu lire le numéro d'immatriculation de la voiture de ses agresseurs. Quelques minutes après, un routier allemand, M. Tanzer, de Fribourg, est venu stationner à ses côtés. Étonné de voir une voiture avec une portière ouverte, le routier est sorti de son véhicule et a entendu les plaintes de la victime. Il a alors téléphoné à la police et a conduit M. Vignal à l'hôpital. Un quart d'heure après, la police arrêtait les agresseurs au péage de Mâcon. Il s'agit de deux jeunes délinquants connus des services de police. ●

a. Lisez l'article ci-dessus. Le police interroge M. Tanzer et M. Vignal.
Répondez pour eux.

Questions posées à M. Tanzer

– Quelle est votre profession ? Où habitez-vous ?

– Comment avez-vous découvert M. Vignal ?

– Quelle heure était-il quand vous l'avez découvert ?

– Dans quel état l'avez-vous trouvé ?

– Qu'avez-vous fait après ?

Questions posées à M. Vignal

– Quelle est votre profession ? Où habitez-vous ?

– Que faisiez-vous sur ce parking ?

– Comment s'est passée l'agression ?

– Vous a-t-on pris quelque chose ?

– Avez-vous reconnu vos agresseurs ?

b. Observez l'organisation du texte.

1. **Les acteurs**

   Faites la liste des mots qui désignent les acteurs de cette histoire.

   Exemple : M. Vignal – représentant de commerce – l'automobiliste –, etc.

   M. Tanzer, ...

2. **Les actions**

   Soulignez les actions principales du récit.

3. **Les lieux**

   Encadrez les indications de lieu.

4. **Le temps**

   Entourez les indications de temps.

Jeudi soir, Jacques Vignal, représentant de commerce a pris l'autoroute pour aller de Paris à Lyon.

9 Rédiger le récit d'un incident

D'après les documents suivants, rédigez un bref article sur le cambriolage de la maison de Colette Sicard.

Colette Sicard va faire sa déclaration de vol au commissariat de police.

LE POLICIER : Je dois prendre votre nom, votre adresse et votre profession.

COLETTE SICARD : Colette Sicard, célibataire, 14, rue Lamartine, infirmière.

LE POLICIER : Ça s'est passé quand et à quelle heure approximativement ?

COLETTE SICARD : Hier, donc le 20 décembre. Je peux vous dire l'heure exactement parce que j'ai surpris les cambrioleurs. J'arrivais chez moi, hier soir. Il était 9 heures du soir. J'ai ouvert la porte du garage pour rentrer ma voiture… La porte fait du bruit. Et alors, j'ai entendu des pas sur le toit de la petite maison à côté de ma villa. Ils étaient deux, j'en suis sûre.

LE POLICIER : Ils sont entrés comment ?

COLETTE SICARD : Par la fenêtre de la chambre. Ils ont cassé un carreau. Ils sont partis par là aussi.

LE POLICIER : Ils vous ont pris quelque chose ?

COLETTE SICARD : Oui, tenez, j'ai fait la liste. Mais quand je les ai surpris, ils venaient d'arriver… parce que j'ai trouvé seulement la chambre en désordre. Ils n'ont pas eu le temps de visiter les autres pièces.

Liste des objets volés

une bague en or
un collier de perles
une montre
deux bracelets
une pendulette
1 000 F en billets de 200 F

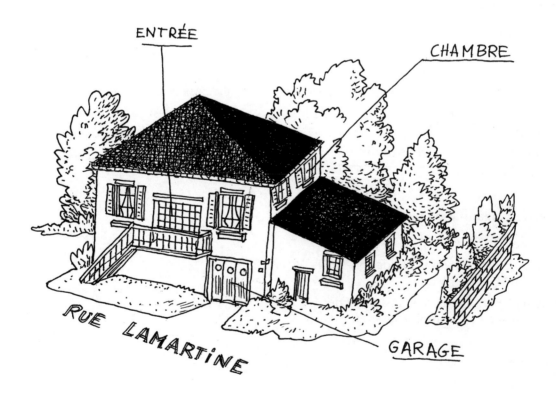

ENTRÉE   CHAMBRE

RUE LAMARTINE   GARAGE

Entracte

UNITÉ 5

Les jeux télévisés

Les Français adorent les jeux télévisés. Il y a des jeux pour tous les goûts et pour tous les niveaux de connaissance.

« **Le Millionnaire** » est d'abord un jeu de loterie. On achète un ticket (10 F) et on gratte pour voir la somme gagnée (de 10 F à 50 000 F). On gagne quand la même somme est inscrite 3 fois. Si on a beaucoup de chance, le ticket montre 3 TV magiques ! Alors, on peut passer à la télévision au « Jeu du Millionnaire ». On fait tourner une roue et on peut gagner de 100 000 F à 1 million de francs ! Mais cela n'arrive qu'une fois sur 500 000 !

Facile, non ?

« Le Jeu du Millionnaire »

Dans le jeu « **Des chiffres et des lettres** » deux joueurs s'opposent dans des épreuves de lettres et des épreuves de chiffres. Le gagnant revient le jour suivant. S'il reste plusieurs jours il peut participer à la super finale et gagner… une voiture (70 000 F). Le grand principe des jeux de la télévision française est : plus le jeu est difficile, moins on gagne d'argent.

« Des chiffres et des lettres »

Épreuves des lettres.

Le joueur demande 9 voyelles ou consonnes. Elles sont choisies au hasard. Avec ces 9 lettres il doit former le mot le plus long possible.

Exemple : avec | T | F | R | E | I | E | F | D | N |

on peut faire : IDÉE, DENT, FRITE, DÉFIER et, si on est très fort, DIFFÉRENT (9 lettres).

Exercez-vous :

| E | E | A | I | L | V | R | C | H | ....
| L | C | L | T | N | I | E | E | E | ....
| T | R | R | N | F | I | E | O | E | ....

Épreuves des chiffres.

On choisit au hasard :

– un nombre de 3 chiffres. Par exemple : 7 0 7

– 6 nombres de 1 ou 2 chiffres. Par exemple : 4 9 1 7 10 2

Le joueur doit utiliser les 6 nombres, avec les 4 opérations (addition, soustraction, multiplication, division), pour retrouver le nombre 707.

Exemple : $4 \times 9 = 36$ $36 - 1 = 35$ $35 \times 2 = 70$

$70 \times 10 = 700$ $700 + 7 = 707$

Essayez :

Faites : 1 7 3 avec 25 6 10 50 9 3

1 2 9 avec 1 25 10 50 75 2

« Questions pour un champion »

Bernard Pivot dicte un texte à toute la France.

Dans « **Questions pour un champion** » quatre joueurs doivent répondre à des questions de culture générale.

Épreuves des questions courtes (1 joueur est éliminé)

Exemple : Né à Rouen en 1821, je suis l'auteur de *Madame Bovary*.

Questions sur thème (1 joueur est éliminé)

Exemple : les « Arthur » célèbres

– poète français né à Charleville

– auteur américain de pièce de théâtre, mari de Marilyn Monroe.

Questions progressives (1 joueur est éliminé) : il faut répondre très vite, avant la fin de la question.

Exemple : Je suis né en 1959.

– Je suis petit, malin et intelligent.

– Je défends mon village contre les Romains.

– Je suis un personnage de bandes dessinées.

La France est sans doute l'un des rares pays où l'on fait des dictées à la télévision. Chaque année, l'animateur Bernard Pivot organise un grand concours d'orthographe. Des centaines de milliers de téléspectateurs essaient d'écrire sans fautes, sous sa dictée, un texte difficile.

Leçon 16

VOCABULAIRE

1 Les objets de la maison

Cochez les mots que vous connaissez. Cherchez (en petits groupes) le sens des mots nouveaux. Classez les mots dans les deux tableaux.

1. une armoire	11. une chaîne hi-fi	21. des jouets	31. un rasoir
2. un aspirateur	12. une chaise	22. une lampe	32. un réfrigérateur
3. une assiette	13. une commode	23. un lit	33. un savon
4. un balai	14. un couteau	24. un miroir	34. une serviette
5. une bibliothèque	15. une cuillère	25. un peigne	35. une table
6. une brosse	16. une cuisinière	26. un piano	36. un tableau
7. une brosse à dents	17. un fauteuil	27. un placard	37. un tapis
8. un buffet	18. une fourchette	28. un plateau	38. un téléviseur
9. un canapé	19. un gant de toilette	29. une poêle	39. un tube de dentifrice
10. une casserole	20. des jeux	30. un poste de radio	40. un verre

Tableau des pièces de la maison	
la cuisine	
le salon – salle à manger	
les chambres	1
le bureau	
la salle de bains	
la pièce de rangement	2

Tableau des fonctions	
dormir	
préparer le repas	
manger	
jouer et se distraire	
nettoyer	2
ranger	1
autres (précisez)	

2 Jeune / vieux – nouveau / ancien, etc.

Complétez avec les adjectifs du tableau.

Quand il s'agit :
– de la durée de la vie
→ jeune / âgé – vieux

– du moment de la création
→ nouveau / ancien

– du moment de la création
et de l'état de l'objet
→ neuf / usé – d'occasion
(achat)

– de la mode
→ moderne / ancien

■ M. et Mme Dupuis viennent d'acheter une maison .... Les maçons viennent juste de la terminer. Les Dupuis ont tout le confort .... mais ils ont meublé les pièces de manière très classique avec des meubles .... de leurs grands-parents.

■ J'ai acheté une voiture .... de 10 ans. Le moteur avait 200 000 km et j'ai fait mettre un moteur .... Les sièges sont un peu .... mais quand on est assis, ça ne se voit pas.

■ Notre directeur a pris sa retraite. Mais un .... est arrivé. Il a 60 ans. Ce n'est donc pas un .... Mais comme il est très dynamique, il ne paraît pas très ....

3 La radio et la télévision

Complétez les phrases avec l'un des deux ou trois mots.

- un programme
  une émission

Ce soir, il y a .... intéressante à la télévision. Pour savoir à quelle heure elle commence, je consulte .... de la semaine.

- une station
  une chaîne

Joseph Durand a annoncé sa candidature à la présidence de la République, le matin sur .... de radio Europe I. Le soir sur .... de télévision France 3, il a dit qu'il n'était plus candidat.

- une nouvelle
  une information
  un journal

Je vais écouter les .... à la radio et le .... de 13 h à la télévision. Il y a des .... importantes sur l'affaire Richard.

- un présentateur
  (une présentatrice)
  un animateur
  (une animatrice)

PPDA (Patrick Poivre D'Arvor) est .... le plus connu du journal télévisé de 20 h sur TF1. Michel Drucker est .... célèbre d'émissions de variétés.

- un avertissement
  la publicité
  une annonce

La société LADOR a fait de la .... mensongère à la télévision. Son directeur a reçu .... et la société a été condamnée à mettre .... dans un grand journal

GRAMMAIRE

4 Les comparatifs

a. **Comparez leurs qualités. Utilisez l'adjectif entre parenthèses.**

– l'avion / le train (rapide) : *L'avion est plus rapide que le train.*

– l'électricité / l'essence (polluant) : L'électricité ....

– Michel (1 m 80) / François (1 m 80) (grand) : Michel ....

– les croissants / le pain (bon) : Les croissants ....

b. **Comparez ces actions.**

– Pierre (8 h de travail quotidien) / Cédric (6 h de travail quotidien) :

Pierre travaille plus que Cédric.

– Pierre (8 000 F par mois) / Cédric (10 000 F par mois) :

Pierre gagne ....

– Conférence de Michel (1 h 30) / conférence de Marie (2 h) :

Michel parle ....

– Lectures de Michel (deux livres par semaine) / lectures de Sophie (deux livres par semaine) :

Michel lit ....

c. **Comparez ces performances.**

– Hélène court le 100 m en 14 secondes. Sophie met 15 secondes :

Hélène court plus vite que Sophie.

– Hélène saute 1 m 50. Sophie saute 1 m 60 :

Hélène saute ....

– Hélène lance le poids à 10 m. Sophie à 9 m :

Hélène lance le poids ....

– Hélène monte à la corde en 4 secondes. Sophie aussi :

Hélène monte à la corde ....

– Notes en sport d'Hélène : 15/20. Notes en sport de Sophie : 14/20 :

Hélène est ....

d. **Comparez les quantités.**

– Marseille (914 000 habitants) – Lyon (462 840 habitants) :

Il y a plus d'habitants à Marseille qu'à Lyon.

– Montpellier (195 600 habitants) - Rennes (205 700 habitants) :

Il y a .... à Montpellier.

– Au petit déjeuner, Pierre mange deux croissants et Marie aussi :

Pierre mange ....

– Pierre lit dix livres par an. Marie en lit quarante :

Pierre lit ....

5 Le superlatif

Les lieux suivants ont une particularité.
Caractérisez-les par une phrase superlative comme dans l'exemple.

– L'Amazone fait 6 750 km : *C'est le plus long fleuve du monde.*

– L'Himalaya fait 8882 m d'altitude ....

– La fosse des Mariannes dans le Pacifique a une profondeur de 11 034 m

....

– La Russie fait 17 075 400 km². ....

– Le Sahara ....

– L'État du Vatican ....

6 Quelques régularités de l'orthographe des mots

• Les sons [ã], [ɛ̃], [ɔ̃], [œ̃], s'écrivent avec un « m » final devant les lettres *m, b, p*.
Exemple : une **am**bassade – **em**mener – si**m**ple – hu**m**ble

• Voyelle + [f] au début d'un mot s'écrit souvent *aff, eff, off,* etc.
Exemple : un effort – une affaire.

• Orthographe des sons [ɡ] et [ʒ]
Au début d'un mot :
[ʒ] s'écrit « j » devant a, o, u (un jardin, la joue)
  « g » devant e, i (le genou, une gifle)
[ɡ] s'écrit « g » devant a, o, u (un garage)
  « gu » devant e, i (un guide)
À la fin d'un mot :
[ʒ] s'écrit souvent « ge » devant a, o, u (nous mangeons)
  « g » devant e, i (il mange)
[ɡ] s'écrit comme au début d'un mot
Ces règles ont des exceptions. *Exemple :* un bonbon – afin – déjà.

Complétez :

a. **avec « m » ou « n » :**

un e...pire – un i...perméable – le mo...de –
une cha...bre – une a...bassade –
l'i...migration – l'i...agination

b. **avec « j », « g », « gu », « ge » :**

une ...eune fille – un feu rou...e –
une ...olie pla...e – un ...arçon ...entil mais
...ourmand – nous ne bou...ons pas d'ici

ÉCRITS ET ÉCRITURE

7 Opinions

Lisez ces extraits du courrier des lecteurs d'un magazine hebdomadaire de programmes de télévision.

Lors de la remise de la médaille d'or à Surya Bonaly, sur France 2, nous avons été scandalisés par la coupure volontaire de l'hymne national ! Ni *Marseillaise*, ni drapeau, alors que deux minutes supplémentaires d'antenne auraient suffi pour cela. On devrait aussi supprimer les deux dernières minutes des matchs de foot ou de tennis. Alors là, ce serait drôle...

Mmes Françoise B., Laurence S. et Katia C. (de Toulouse) ainsi que MM. M. P. (Villeurbanne), Charles-Joseph de L. (Paris XVIIIe) et Georges V. (Lyon).

1.

Il est inadmissible que lors d'une émission comme «7 sur 7», nous devions subir plusieurs minutes de publicité, alors que les présentations sont à peine terminées. C'est, à mon avis, de la dernière goujaterie de dire : «Bon, maintenant taisez-vous, nous allons écouter la pub». Comment Mme Sinclair, qui a tant de tact, peut-elle accepter de telles incorrections ?

**F. et Th. B .
(Saint-Georges-sur-Loire).**

2.

Contrairement à l'un de vos correspondants, je trouve les programmes de la Cinquième «globalement positifs». J'apprécie particulièrement les journaux en VO et leurs horaires, la qualité des cours de langues et celle des émissions d'information médicale. J'aime moins le style des présentateurs, mais l'on ne peut plaire à tous !

Mme M. C. (Paris XIVe) et le Dr Christian S. (Reims).

3.

Je suis scandalisée ! C'est la deuxième fois que la cérémonie des césars passe sur Canal Plus. Et nous, alors ?

Mme Danièle C.

4.

TRISTES « GAGS ».

Je regarde toujours avec plaisir «Vidéo gag» avec les enfants, mais nous avons été choqués par une pauvre bête qu'on essayait de tirer avec une corde... pour l'emmener à l'abattoir ! De tels «gags» ne nous font pas rire du tout...

Magali et ses enfants (Thonon-les-Bains).

5.

TV Magazine, c'est bien pratique. Mais j'ai cependant des reproches à faire : le non-respect des horaires dans les programmes du soir et les sports du week-end. C'est désagréable. Alors, voulu ou pas, je pense que vous pouvez y remédier.

M. Alain J. (Amiens).

6.

TV Magazine, Le Figaro, avril 1995.

a. Dans quelle lettre exprime-t-on une opinion sur :

– le programme d'une chaîne ......

– une émission sur le championnat du monde de patinage artistique ......

– une émission où l'on commente l'actualité de la semaine ......

– une émission où l'on donne un prix aux meilleurs acteurs ......

– un magazine de programmes de télévision ......

– une émission humoristique ......

b. Dans chaque lettre, relevez les opinions négatives ou positives.
Relevez les expressions qui expriment ces opinions.

Exemple : lettre 2. : Trop de publicité dans l'émission «7 sur 7»,
«Il est inadmissible que...» , «À mon avis...»,
«Comment Mme Sinclair peut-elle...?»

c. **Trouvez les mots qui correspondent à ces définitions.**

lettre 1. : impolitesse – politesse

lettre 2. : critique

lettre 3. : en version originale (pas traduit)

lettre 4. : diffusion

lettre 5. : lieu où l'on tue les animaux de boucherie

d. **Exprimez votre opinion sur une émission de télévision.**
Une émission vous a plu, vous a déplu, vous a choqué(e).
Rédigez un bref commentaire pour le courrier des lecteurs d'un magazine de télévision.

8 Comparer et donner son opinion

Vous êtes directeur du personnel dans une entreprise et vous devez choisir le représentant commercial pour les États-Unis. Vous avez eu un entretien avec deux personnes (Mme Desgrieux et M. Augier). Faites votre choix et rédigez une note à votre PDG pour le justifier.

	Mme Manon Desgrieux	M. Patrick Augier
1. Âge	40 ans	34 ans
2. Expérience dans le domaine commercial	10 ans	10 ans
3. Comportement et capacité à travailler en groupe	Excellent sens des relations humaines.	Sens de l'humour mais autoritaire.
4. Maîtrise de l'anglais et séjour aux États-Unis	Très bonne maîtrise l'anglais. Deux ans de séjour aux États-Unis.	Bilingue (mère anglaise). Quatre ans de séjour aux États-Unis.
5. Diplômes et formation	Excellente formation pratique.	Formation théorique et bonne formation pratique.
6. Disponibilité	Mariée – un enfant (16 ans).	Célibataire.

« Mme Desgrieux est plus .... Elle a autant .... Je trouve que .... Je pense que .... »

VOCABULAIRE

1 Les sentiments

a. **Quels sentiments éprouvent-ils dans les situations suivantes ? Formulez ces sentiments par un nom et par une expression avec *être* ou *avoir*.**

Exemple : Il éprouve de la fierté → Il est fier.

1. Sa fille vient de réussir à un examen difficile.
2. Elle est dans un avion. Tout à coup, l'avion commence à tomber.
3. Stéphanie a rencontré l'homme de sa vie.
4. Pierre a vu sa petite amie aller au cinéma avec un autre garçon.
5. Arnaud vient de perdre son emploi.
6. Mme Dubois a laissé sa voiture cinq minutes devant la porte du garage de son voisin. Ce voisin l'a insultée.

- l'amour
- la fierté
- l'indignation
- la jalousie
- la peur
- le(s) souci(s)

b. **Trouvez le sentiment le plus proche de chacun des sentiments de la liste ci-dessus.**

l'amitié – l'angoisse – la colère – l'envie – l'orgueil – la préoccupation

2 Les suffixes *-té* et *-ité*

> **Les suffixes *-té* et *-ité***
> s'ajoutent à un adjectif pour former un nom.
> beau → **la beauté**
> utile → **l'utilité**
> Ces noms sont féminins et ne prennent pas de « e » final.

a. **Trouvez le nom ou l'adjectif.**

gratuit	→ la gratuité
rapide	→ ....
....	→ la méchanceté
moderne	→ ....
....	→ la stupidité
facile	→ ....
....	→ la difficulté

b. **Mettez en valeur la qualité. Transformez comme dans l'exemple.**

– Les républicains défendent l'école <u>gratuite</u>.
  → Les républicains défendent **la gratuité de l'école.**

– La remarque <u>stupide</u> a fait rire tout le monde.

– L'abbé Pierre est apprécié pour ses actions <u>généreuses</u>.

– Le service après-vente <u>rapide</u> des magasins Darty a fait le succès de cette entreprise.

3 La géographie

Indiquez le nom des rubriques de ce descriptif de la Côte-d'Ivoire.

Situation   : Afrique de l'Ouest

.... : Liberia, Guinée, Mali, Burkina Faso, Ghana

.... : 322 000 km²

.... : Yamoussoukro

.... : baoulé, dioula, bété etc.

.... : français

.... : 12 100 000 habitants

.... : franc CFA

.... : colonie française de 1893 à 1960, puis pays indépendant

.... : café, cacao, bananes, ananas

.... : fer, bois

4 L'histoire

À quelles époques de l'histoire de la France situez-vous les personnages, les monuments et les événements suivants :

a. l'Antiquité
b. le Moyen Âge
c. la Renaissance (XVe et XVIe siècles)
d. les XVIIe et XVIIIe siècles
e. le XIXe siècle

Personnages

■ un chevalier ■ un esclave ■ un président de la République ■ une reine ■ un roi

Monuments

■ les châteaux de la Loire ■ le château de Versailles ■ l'Arc de triomphe ■ une église romane ■ une cathédrale gothique ■ un théâtre romain ■ un château féodal

Événements

■ une grande révolution ■ une croisade au Moyen-Orient ■ la création d'un grand empire colonial ■ une grande guerre de religion ■ la fin de l'autonomie des provinces ■ de nombreuses invasions par des peuples venus de l'Est ■ une monarchie absolue ■ la colonisation par les Romains

GRAMMAIRE ET ORTHOGRAPHE

5 La conjugaison du subjonctif présent

Rédigez leurs discours. Mettez les verbes au subjonctif présent.

faire les courses
prendre des rendez-vous
passer à la Sécurité sociale
aller chercher les enfants à l'école

Il fait beau.
Il y a beaucoup de spectateurs.
Les comédiens sont excellents.
Nous avons un metteur en scène génial.

LA MÈRE DE FAMILLE : « J'ai un travail fou ce matin, il faut que je… »

L'ORGANISATEUR D'UN SPECTACLE DE THÉÂTRE EN PLEIN AIR : « Je suis content qu'il… »

6 | Présent de l'indicatif ou présent du subjonctif

Mettez les verbes entre parenthèses à la forme qui convient.

Des jeunes expriment leurs souhaits pour une autre société.

LUCIEN : « Je pense que l'école (devoir) aider les jeunes à trouver du travail. Et pour cela, il faut que les élèves y (recevoir) une vraie formation professionnelle. Je voudrais que chacun (sortir) de l'école avec un métier. »

SAMIA : « Je crois que les inégalités entre riches et pauvres (être) trop importantes. Je voudrais que vous (construire) un monde plus juste. Je souhaite aussi que les gens (pouvoir) circuler dans tous les quartiers le jour comme la nuit. »

GILLES : « Il faut que les jeunes (savoir) quel avenir les (attendre). Je souhaite que nous (discuter) plus souvent avec les élus pour qu'on nous (comprendre) mieux. Je regrette que cette consultation (être) si tardive. »

7 | La lettre finale non prononcée des noms

On peut quelquefois trouver la lettre non prononcée d'un nom en pensant :
– au verbe correspondant
Exemple :
le respect ← respecter
– au féminin du participe passé de ce verbe
Exemple :
un fait ← participe passé
« fait / faite » du verbe faire

a. **Trouvez les noms formés à partir de ces verbes (tous ces noms sont masculins).**

refuser → *un refus*	emprunter ....
souhaiter	sauter ....
regretter	partir ....

b. **Trouvez les noms formés à partir du participe passé de ces verbes.**

produire	écrire	voir ....
permettre	recevoir	surprendre ....
mourir	sortir	suivre ....

8 | L'orthographe du son [j]

Cherchez des mots contenant le son [j] et correspondant à ces définitions.

a. **[j] écrit « y »**

Exemple : essayer

– Donner de l'argent à un commerçant.

– Aller de Paris à Marseille.

– Engager du personnel.

b. **[j] écrit « ill » entre deux voyelles**

Exemple : un papillon

– Elles permettent d'entendre.

– Sur les arbres.

– Il faut l'acheter pour prendre le train.

c. **[j] écrit « ail », « eil », « euil » (à la fin d'un mot)**

Exemple : un œil

– Dans le ciel, les jours de beau temps.

– Bureau d'information qui reçoit le public.

– Le chômeur n'en a pas.

ÉCRITS ET ÉCRITURE

9 Désirs, sentiments, opinions

Lisez les documents ci-dessous.

En conclusion, je ne suis pas sûr que le manuscrit de Pierre Filiol puisse intéresser le public de notre série «Policiers». Mais il y a un grand talent d'écrivain dans ce roman. Je suggère donc qu'il soit lu par le responsable de notre série «Jeunes romanciers».

1.

Bonjour. Je m'appelle Sophie. Je vais être directe. Je cherche à fonder un foyer et à avoir des enfants. Je voudrais rencontrer un homme qui soit tendre, simple et compréhensif. J'ai 32 ans.

2.

D'autre part, la nouvelle organisation de nos services et notre installation dans les nouveaux locaux risquent de perturber notre clientèle. Il est donc impératif que le personnel d'accueil soit compréhensif et fasse tout pour aider nos clients.

3.

Nous réclamons plus de dialogue avec le personnel d'encadrement. Nous souhaitons que notre délégué puisse participer à toutes les réunions où se décide l'avenir de l'entreprise.

4.

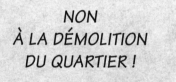

*NON
À LA DÉMOLITION
DU QUARTIER !*

5.

On est séduit au premier coup d'œil. Par leurs couleurs et leur mouvement, les tableaux de Céline Arnaud-Deprez expriment la gaieté et la joie de vivre. ■

6.

a. De quel type de document s'agit-il ?

  ■ un article de presse ■ un compte rendu de réunion syndicale
  ■ un graffiti ■ une note de service ■ un rapport ■ un message sur Minitel

b. Dans chaque article : qui écrit ? à qui ?

c. Pourquoi ces personnes écrivent-elles ? Pour exprimer :

  ■ une certitude ■ une crainte ■ un enthousiasme ■ un doute ■ un ordre
  ■ une protestation ■ une revendication ■ un souhait ■ une suggestion

d. Relevez les expressions utilisées pour exprimer ces désirs,
  ces sentiments, ces opinions.

10 Exprimer un désir, un sentiment, une opinion

À partir des instructions et des informations suivantes,
rédigez la lettre de Valérie à son amie Anne.

Situation

Anne est l'amie d'enfance de Valérie. Elle habite le Canada. Elle a invité
Valérie, son mari et leurs deux enfants à venir passer le mois d'août chez elle.
Valérie lui répond et lui donne des nouvelles.

Rédaction de la lettre

a. Lisez ci-dessous ce que Valérie a dit à d'autres amies.
    Utilisez ces informations pour rédiger la lettre.

b. Selon l'information, exprimez :

   1. le regret

   2. la nécessité – la crainte

   3. l'espoir

   4. l'insatisfaction et le souhait

NB : Vous pouvez imaginer d'autres informations à mettre dans la lettre.

(1) Non, nous ne partons pas en vacances l'été prochain. Nous restons à Paris.

(2) Et non, notre fils Fabien n'a pas réussi à son examen. Il doit travailler pendant les vacances pour le repasser en septembre.

(3) Ma fille Séverine cherche toujours du travail. Peut-être qu'elle trouvera quelque chose pour l'été.

(4) Ça ne va pas très bien en ce moment entre Patrick et moi. Il n'est jamais à la maison et, quand il y est, il reste tout le temps devant son ordinateur. On ne se parle presque jamais. Il ne s'occupe pas des enfants.

Chère Anne,

Je regrette beaucoup…

VOCABULAIRE

1 Caractériser

Quels adjectifs utiliseriez-vous pour faire la publicité des objets suivants :

a. un sèche-linge

b. un canapé-lit

c. une montre de grande marque

- automatique
- beau
- commode
- confortable
- harmonieux
- léger
- magnifique
- pratique
- programmé

- précis
- résistant
- robuste
- superbe
- souple
- simple
- transformable
- utile

2 Les adjectifs et leurs contraires

Le contraire d'un adjectif ou d'un participe passé peut quelquefois se former avec un préfixe.

in, im, ir, il-
capable / **in**capable
possible / **im**possible
responsable / **ir**responsable

dé(s)-
habillé / **dés**habillé
agréable / **dés**agréable

Vous avez fait un très mauvais séjour dans une région de France. Réécrivez le texte ci-dessous pour raconter ce séjour, en utilisant le contraire des adjectifs soulignés.

Nous avons passé des vacances <u>agréables</u> en Normandie. Les hôtels étaient <u>confortables</u>, <u>propres</u> et <u>bon marché</u>.

Les chambres étaient <u>belles</u> et toujours <u>en ordre</u>. Nous avons eu un guide <u>expérimenté</u>, <u>compétent</u>, <u>intéressant</u> et <u>capable</u> de répondre à toutes les questions. Les gens du groupe étaient <u>sympathiques</u> et <u>gais</u>. Bref, je suis très <u>contente</u> de ce voyage.

Sylvie

Exemple : « Nous avons passé des vacances désagréables en… »

3 Convaincre

Que dites-vous pour convaincre quelqu'un dans les situations suivantes ?

Vous pensez…

a. que l'histoire que vous avez racontée est vraie.

b. que la promenade en montagne est sans danger.

c. que vous savez garder un secret.

d. qu'il doit acheter cette belle chemise bon marché.

e. qu'il doit prendre le même plat que vous.

Vous dites…

1. Je vous jure que c'est vrai !

2. Rassurez-vous ! Il n'y a pas de risque.

3. Il ne faut pas hésiter une seconde !

4. Je vous le recommande. C'est délicieux !

5. Je vous promets de ne rien dire.

GRAMMAIRE ET ORTHOGRAPHE

4 Les pronoms relatifs

a. Complétez avec *qui*, *que*, *qu'*, *où*.

La Bretagne

La Bretagne est une région .... a changé de visage en trente ans. Elle a,
bien sûr, toujours ses monuments (calvaires, menhirs) .... on peut
voir sur toutes les cartes postales. C'est toujours une région .... les
touristes apprécient pour ses plages et ses petits ports typiques .... on
peut faire de la voile. Mais l'image .... donne la région a changé.
Ainsi la pêche, ... était une activité traditionnelle est en crise.
L'agriculture, ... les Bretons ont su développer, est devenue la
première de France pour la production. Autour de Brest et de Rennes,
.... est la capitale de la région, on trouve des industries modernes. Et
la langue bretonne .... on étudie maintenant à l'école est de moins en
moins parlée par les Bretons.

b. **Reliez les phrases en utilisant le pronom relatif qui convient.
Supprimez les mots soulignés.**

Le cinéaste Luc Besson

– En 1982, Luc Besson tourne le film *Subway*. Ce film raconte une
aventure dans le métro parisien.

– En 1987, Luc Besson réalise *Le Grand Bleu*. La critique accueille très mal
ce film. Mais ce film attire beaucoup les jeunes.

– *Le Grand Bleu* raconte l'histoire de deux amis. Ces deux amis font de la
plongée sous-marine.

– En 1994, Luc Besson réalise *Léon*. On y retrouve l'acteur préféré du
cinéaste et le public accueille très bien ce film.

Exemple : En 1982, Luc Besson tourne le film *Subway* qui raconte...

5 Mettre en valeur un mot avec les constructions *c'est... qui* et *c'est... que*

Présentez les produits suivants en mettant en valeur le nom de la marque.

Les produits de beauté VÉRA VÉRA vous donnera la beauté. Vous essayerez VÉRA. Avec VÉRA, on vous aimera.	L'encyclopédie SAVOIR SAVOIR vous cultivera. Vous consulterez SAVOIR à tout moment. Dans SAVOIR vous trouverez la réponse à toutes vos questions.
1.	2.

Exemple : C'est VÉRA qui vous donnera la beauté.

6 Définitions

On utilise souvent les pronoms relatifs dans les définitions.

a. Comment s'appelle :

- La personne qui contrôle les billets dans un train ? ....

- La personne qui présente une émission de jeux à la télévision ? ....

- Le meuble où on range les vêtements ? ....

- Les plats qu'on mange au commencement d'un repas ? ....

- L'objet qu'on prend pour sortir quand il pleut ? ....

b. Donnez une définition des mots suivants. Utilisez les verbes entre parenthèses.

- un lave-vaisselle (laver)

- un presse-citron (servir)

- un coupe-papier (utiliser)

- un pharmacien (vendre)

- un député (élire, voter les lois)

- un styliste (créer)

7 Quelques homonymes grammaticaux

L'accent permet de distinguer des mots qui sont prononcés de la même manière.

a / à
Elle a habité à Paris.

ou / où
On va où vous voulez. Au cinéma ou au théâtre.

près / prêt
Il est prêt à partir.
Il habite près de la gare.

la / là / l'a
La présidente est là. Il l'a vue.

Qui l'… / Qu'il
Qui a engagé Myriam ?
– C'est M. Blanc qui l'a engagée.
Qui M. Blanc a-t-il engagé ?
– C'est Myriam qu'il a engagée.

Quel(s) / Quelle(s) / Qu'elle(s)
Quel est le nom de ce professeur ?
Quelle rue faut-il prendre ?
C'est cette robe qu'elle a achetée.
Je pense qu'elle viendra.

Complétez

a. Avec *a – à – ou – où*.

.... est-ce que Pierre .... fait ses études ? .... Paris .... à Marseille ?
Je ne sais pas .... aller. Je vais .... droite .... gauche ?

b. Avec *la – là – l'a*.

Marie est allée à .... poste. Elle a pris .... voiture de Pierre. Elle ne se rappelle plus où elle .... garée. Elle devra .... chercher pendant une demi-heure.

c. Avec *qui l'… – qu'il*.

Henri est photographe. Voici les photos .... a prises en Australie. Les plus beaux paysages .... a photographiés seront présentés au festival d'Arles. C'est l'organisateur .... a invité ....les a choisies.

d. Avec *quel(s) – quelle(s) – qu'elle(s)*.

.... cadeau pouvons-nous faire à Sylvie ? Il faut .... ait un bon souvenir de nous. Je crois que c'est la musique classique .... préfère. Mais .... disque choisir ?

ÉCRITS ET ÉCRITURE

8 Comportements de consommateurs

a. **À l'aide des définitions suivantes, lisez la BD de C. Brétecher.**

JUMENT : femelle du cheval.

GRIS POMMELÉ : gris avec des taches blanches.

CHECKER (anglicisme) : réserver.

PICON GRENADINE : apéritif mélangé avec du sirop de grenadine.

ON SE GROUILLE (familier) : on se dépêche.

PONY-EXPRESS : la première compagnie de poste, au XIXe siècle dans le Far West américain. Le transport se faisait à cheval.

SE NOYER DANS UN VERRE D'EAU : être incapable de résoudre un petit problème.

« C'EST UN MONDE ! » : c'est incroyable, c'est un scandale.

b. **Compréhension générale :**

Qui téléphone ? ....

À qui téléphone-t-il ? ....

Où est-il ? ....

Pourquoi téléphone-t-il ? ....

c. **Détaillez les projets du personnage.**

	1	2	3	4	5
Où veut-il aller ?	New York				
Que souhaite-t-il faire ?	prendre le métro				
Quelles sont ses exigences ?					

d. **Quels sont les mots ou expressions qui caractérisent le mieux ce personnage ?**

■ ambitieux ■ autoritaire ■ content ■ difficile ■ exigeant ■ cultivé ■ satisfait ■ naïf ■ mécontent ■ orgueilleux

Que veut critiquer l'auteur de cette bande dessinée ?

e. **Dans le style humoristique de cette bande dessinée, imaginez le comportement du même personnage dans une des situations suivantes :**

– avec l'architecte qui fait les plans de sa maison

– dans un cours de langue à l'étranger

– dans un petit hôtel-restaurant d'Auvergne

astraltour

C. Brétecher, *Tourista*, © Claire Brétecher.

Lexique

1. Le lexique présente les mots introduits dans les 18 leçons (documents A, B et C) et dans les pages d'activités et d'exercices (grammaire, vocabulaire et civilisation).

2. La catégorie grammaticale du mot est indiquée entre parenthèses ainsi que le genre des noms. Voici les abréviations utilisées :
n = nom ; m = masculin ; f = féminin ;
pl = pluriel ; v = verbe ; adj = adjectif ;
adv = adverbe ; prép = préposition ;
conj = conjonction ; int = interjection.

3. Un code indique où le mot est introduit :
– la leçon : de 1 à 18
– la partie : A (document A ou grammaire),
B (document B ou vocabulaire),
C (document C ou civilisation).

4. Certains mots n'ont pas été retenus :
– mots grammaticaux,
– mots dérivés d'une même racine.

5. La traduction est celle correspondant au contexte donné par le code.

FRANÇAIS	ANGLAIS	ESPAGNOL	ITALIEN	POLONAIS	GREC
A					
abonné (nm) 18 B	subscriber	abonado	abbonato	abonent	συνδρομητής
abord (d') (adv) 9 A	firstly/at first	primero	prima	przede wszystkim	κατ'αρχήν
accent (nm) 8 A	accent	acento	accento	akcent	προφορά
accepter (v) 5 A	to accept	aceptar	accettare	przyjmować	δέχομαι
accès (nm) 11 B	access	acceso	accesso	wstęp	είσοδος
accident (nm) 9 B	accident	accidente	incidente	wypadek	δυστύχημα
accompagner (v) 6 A	to accompany	acompañar	accompagnare	odprowadzać	συνοδεύω
accord (d') (nm) 5 A	in agreement	de acuerdo	accordo (d')	zgoda	συμφωνώ
accueil (nm) 10 A	reception	recepción	reception	recepcja	υποδοχή
accueillir (v) 12 A	to welcome	acoger	accogliere	przyjąć	υποδέχομαι
acheter (v) 2 C	to buy	comprar	comprare	kupować	αγοράζω
actif (adj) 10 B	active	activo	attivo	czynny	ενεργός
action (nf) 13 C	action	acción	azione	czynność	δράση
adapter (v) 12 C	to adapt	adaptar	adattare	przystosować	προσαρμόζω
addition (nf) 2 C	bill	cuenta	conto	rachunek	λογαριασμός
administration (nf) 12 C	administration	administración	amministrazione	administracja	διοίκηση
admirateur (nm) 1 B	admirer/fan	admirador	ammiratore	admirator	θαυμαστής
adolescent (nm) 16 B	adolescent	adolescente	adolescente	nastolatek	έφηβος
adopter (v) 18 C	to adopt	adoptar	adottare	przyjąć	υιοθετώ
adorer (v) 3 B	to adore	adorar	adorare	uwielbiać	λατρεύω
adresser (s') (v) 17 B	to contact	dirigir(se)	rivolger(si)	skierować się	απευθύνομαι
adroit (adj) 16 A	skillful	hábil	abile	zręczny	επιδέξιος
adulte (nm) 12 B	adult	adulto	adulto	dorosły	ενήλικας
aéroport (nm) 9 B	airport	aeropuerto	aereoporto	lotnisko	αεροδρόμιο
affaire (nf) 4 C	business	negocio	affare	interes	δουλειά
affiche (nf) 2 A	poster	cartel	manifesto	plakat	αφίσα
âge (nm) 6 C	age	edad	età	wiek	ηλικία
agence (nf) 4 C	agency	agencia	agenzia	agencja	πρακτορείο
agent (nm) 14 B	agent	agente	agente	agent	πράκτορας
agir (v) 16 C	to act	actuar	agire	działać	ενεργώ
agneau (nm) 8 B	lamb	cordero	agnello	jagnię	αρνί
agréable (adj) 6 B	pleasant	agradable	piacevole	przyjemny	ευχάριστος
agression (nf) 11 C	assault/agression	agresión	aggressione	agresja	επίθεση
aider (v) 6 B	to help	ayudar	aiutare	pomagać	βοηθώ
aimer (v) 1 A	to like/to love	gustar/querer	amare/piacere	kochać	αγαπώ
air (nm) 8 C	air	aire	aria	powietrze	ατμόσφαιρα
air (avoir l'-) (v) 14 B	to look like	parecer	sembrare	wyglądać na	δίνω την εντύπωση
aise (à l'-) (adv) 14 B	comfortable	a gusto	a proprio agio	wygodnie	άνετα
alcoolique (nm) 11 C	alcoholic	alcohólico	alcolizzato	alkocholik	αλκοολικός
alerte (nf) 17 A	alert	alerta	allarme	alarm	συναγερμός
aller (v) 3 A	to go	ir	andare	iść	πηγαίνω
alors (adv) 6 B	so	entonces	allora	więc	λοιπόν
ambassade (nf) 4 A	embassy	embajada	ambasciata	ambassada	πρεσβεία
ambition (nf) 18 A	ambition	ambición	ambizione	ambicja	φιλοδοξία
améliorer (v) 12 C	to improve	mejorar	migliorare	ulepszać	βελτιώνω

FRANÇAIS	ANGLAIS	ESPAGNOL	ITALIEN	POLONAIS	GREC
aménager (v) 15 B	to fix up	acondicionar	sistemare (una casa)	urządzać	φτιάχνω το σπίτι
amener (v) 12 B	to bring someone	llevar	portare	zabrać z sobą	φέρνω
ami (nm) 1 C	friend	amigo	amico	przyjaciel	φίλος
amusant (adj) 7 B	funny	divertido	divertente	zabawny	διασκεδαστικός
ancien (adj) 2 B	old	antiguo	antico	stary	παλιός
angoisse (nf) 16 B	stress/anxiety	angustia	angoscia	niepokój	άγχος
animal (nm) 17 C	animal	animal	animale	zwierzę	ζώο
animé (adj) 15 B	busy	animado	animato	ożywione	με κόσμο
anniversaire (nm) 3 C	birthday	cumpleaños	compleanno	urodziny	γενέθλια
annonce (nf) 10 C	newspaper ad	anuncio	annuncio	ogłoszenie	μικρή αγγελία
annuaire (nm) 17 B	directory	anuario	elenco	książka telefoniczna	τηλεφωνικός κατάλογος
annuler (v) 10 C	to cancel	anular	annullare	unieważniać	ακυρώνω
Antiquité (nf) 13 A	Antiquity	Antigüedad	Antichità	Starożytność	αρχαιότητα
apéritif (nm) 2 A	aperitif	aperitivo	aperitivo	aperitif	ποτό
appareil (nm) 18 A	machine	aparato	apparecchio	aparat	συσκευή
appartement (nm) 2 A	flat	piso	appartamento	mieszkanie	διαμέρισμα
appartenir (v) 7 C	to belong to	pertenecer	appartenere	należeć	ανήκω
appeler (v) 9 A	to call	llamar	chiamare	dzwonić	τηλεφωνώ
appeler (s'-) (v) 1 A	to be called/named	llamar(se)	chiamar(si)	nazywać (się)	ονομάζομαι
applaudir (v) 7 A	to applaud	aplaudir	applaudire	oklaskiwać	χειροκροτώ
apporter (v) 11 A	to bring something	llevar	portare	przynosić	φέρνω
appréciation (nf) 17 B	assessment	apreciación	apprezzamento	ocena	αξιολόγηση
apprendre (v) 13 A	to learn	aprender	imparare	uczyć (się)	μαθαίνω
après (adv) 2 A	then	después	poi/dopo	po/potem	μετά
après-demain (adv) 4 B	the day after tomorrow	pasado mañana	dopodomani	pojutrze	μεθαύριο
après-midi (nm) 4 B	afternoon	tarde	pomeriggio	popołudnie	απόγευμα
architecte (nm) 1 B	architect	arquitecto	architetto	architekt	αρχιτέκτονας
argent (nm) 2 C	money	dinero	denaro/soldi	pieniądze	χρήμα
argumenter (v) 18 A	to argue	argumentar	argomentare	dowodzić	δίνω επιχειρήματα
arme (nf) 13 C	arm/weapon	arma	arma	broń	όπλο
armoire (nf) 15 B	cupboard/wardrobe	armario	armadio	szafa	ντουλάπα
arrêter (v) 6 A	to stop	detener	fermar	zatrzymać	σταματώ
arriver (v) 4 B	to arrive	llegar	arrivare	przybyć	φθάνω
arrondissement (nm) 14 C	district	distrito	quartiere	dzielnica	περιφέρεια
art (nm) 4 C	art	arte	arte	sztuka	τέχνη
article (nm) 11 B	article	artículo	articolo	artykuł	άρθρο
artiste (nm) 1 B	artist	artista	artista	artysta	καλλιτέχνης
aspiration (nf) 16 B	hope	aspiración	aspirazione	dążenie	προσδοκία
asseoir (s'-) (v) 7 B	to sit down	sentar(se)	seder(si)	usiąść	κάθομαι
assiette (nf) 8 B	plate	plato	piatto	talerz	πιάτο
atelier (nm) 6 A	class	curso	corso	lekcja	εργαστήριο, ατελιέ
athlétisme (nm) 16 A	athletics	atletismo	atletica	atletyzm	αθλητισμός
atmosphère (nm) 18 B	atmosphere	atmósfera	atmosfera	atmosfera	ατμόσφαιρα
atomique (adj) 13 C	atomic	atómico	atomico	atomowy	ατομικός
attendre (v) 6 A	to wait	esperar	aspettare	czekać	περιμένω
attentat (nm) 17 A	attack	atentado	attentato	zamach	απόπειρα
attention (int) 4 B	watch out	cuidado	attenzione	uwaga	πρόσοχή!
attirer (v) 18 C	to attract	atraer	portare per forza	przyciągać	προσελκύω
attraction (nf) 12 C	attraction	atracción	attrazione	atrakcja	ατραξιόν
auditeur (nm) 16 B	listener	oyente	ascoltatore	słuchacz	ακροατής
augmenter (v) 10 B	to increase	aumentar	aumentare	podwyższać	αυξάνω
aujourd'hui (adv) 1 B	today	hoy	oggi	dzisiaj	σήμερα
au revoir (int) 1 C	goodbye	hasta la vista	arrivederci	do widzenia	γεια χαρά/γεια σας
aussi (adv) 1 B	also	también	anche	także	επίσης
auto (nf) 1 A	car	coche	macchina	samochód	αυτοκίνητο
automatisation (nf) 18 B	automation	automatización	automazione	automotyzacja	αυτοματοποίηση
automne (nm) 9 B	autumn	otoño	autunno	jesień	φθινόπωρο
autonome (adj) 17 C	autonomous	autónomo	autonomo	niezależny	αυτόνομος
autoriser (v) 11 B	to permit	autorizar	autorizzare	pozwalać	επιτρέπω
autoroute (nf) 9 A	motorway	autopista	autostrada	autostrada	αυτοκινητόδρομος
autour de (prép) 9 A	around	alrededor de	intorno a	wokół	γύρω από
autre (adj) 7 C	other	otro	altro	inny	άλλος

FRANÇAIS	ANGLAIS	ESPAGNOL	ITALIEN	POLONAIS	GREC
avance (en -) (adv) 4 B	in advance	con adelanto	in anticipo	za wcześnie	νωρίτερα
avant-hier (adv) 4 A	the day before yesterday	anteayer	l'altro ieri	przedwczoraj	προχθές
avantage (nm) 12 B	advantage	ventaja	vantaggio	korzyść	πλεονέκτημα
avec (prép) 3 A	with	con	con	z	με
aventure (nf) 7 A	adventure	aventura	avventura	przygoda	περιπέτεια
avis (nm) 6 B	opinion	opinión	opinione	zdanie	γνώμη
avocat (nm) 10 B	lawyer	abogado	avvocato	adwokat	δικηγόρος
avoir (v) 2 A	to have	tener	avere	mieć	έχω

B

FRANÇAIS	ANGLAIS	ESPAGNOL	ITALIEN	POLONAIS	GREC
bagage (nm) 11 B	luggage	equipaje	bagaglio	bagaż	αποσκευή
baignade (nf) 11 B	swimming	baño	balneazione	kapiel	κολύμπι
baignoire (nf) 10 C	bath tub	bañera	vasca da bagno	wanna	μπανιέρα
baiser (la main) (v) 10 A	to kiss (someone's hand)	besar (la mano)	fare il baciamano	całować w rękę	φιλώ (το χέρι)
baisse (nf) 9 B	drop	baja	ribasso	zniżka	πτώση/μείωση
banane (nf) 8 B	banana	plátano	banana	banan	μπανάνα
bande (nf) 14 C	band/group	pandilla	banda	gromada	παρέα
bande dessinée (nf) 2 B	comic strip	cómic	fumetto	komiks	κόμικς
banlieue (nf) 3 A	suburb	afueras	periferia	przedmieście	προάστειο
banque (nf) 1 B	bank	banco	banca	bank	τράπεζα
barbe (nf) 7 B	beard	barba	barba	broda	γένεια
barque (nf) 12 C	small boat	barca	barca	łódka	βάρκα
bas (en -) (adv) 5 B	at the bottom	abajo	in basso/sotto	na dole	κάτω από
bassin (nm) 5 B	pond	estanque	laghetto	basen	λιμνούλα
bataille (nf) 14 C	battle	batalla	battaglia	bitwa	μάχη
bateau (nm) 4 C	boat	barco	nave/barca	statek	πλοίο
bâtiment (nm) 18 A	building	edificio	edificio	budynek	κτήριο
battre (se) (v) 14 C	to fight	luchar	battersi	bić się	αγωνίζομαι
beau (adj) 1 A	beautiful	bonito	bello	piękny	ωραίος
beaucoup (adv) 3 B	a lot	mucho	molto	dużo	πολύ
beau-frère (nm) 5 C	brother in law	cuñado	cognato	szwagier	κουνιάδος
beau-père (nm) 5 C	father in law	suegro	suocero	teść	πεθερός
belle-mère (nf) 5 C	mother in law	suegra	suocera	teściowa	πεθερά
belle-sœur (nf) 5 C	sister in law	cuñada	cognata	bratowa	κουνιάδα
besoin (avoir) (v) 10 C	to need	necesitar	avere bisogno	potrzebować	(έχω) ανάγκη
betterave (nf) 12 C	beetroot	remolacha	barbabietola	burak	κοκκινογούλι
beurre (nm) 8 B	butter	mantequilla	burro	masło	βούτυρο
bibliothèque (nf) 2 B	library	biblioteca	biblioteca	biblioteka	βιβλιοθήκη
bien (adv) 4 C	well	bien	bene	dobrze	Να / λοιπόν
bien sûr (int) 11 B	of course	claro	certo	oczywiście	βεβαίως
bientôt (à-) (int) 1 C	see you soon	hasta pronto	a presto	wkrótce	γεια χαρά
bière (nf) 2 B	beer	cerveza	birra	piwo	μπίρα
bilingue (adj) 9 C	bilingual	bilingüe	bilingue	dwujęzyczny	δίγλωσσος
billet (nm) 2 C	bank note	billete	biglietto (di banca)	bilet	εισητήριο
biotechnologie (nf) 12 C	biotechnology	biotecnología	biotecnologia	biotechnologia	βιοτεχνολογία
biscuit (nm) 18 B	biscuit	galleta	biscotto	biszkopt	μπισκότο
bise (nf) 3 C	kiss	beso	bacio	całus	φιλί
blanc (adj) 7 C	white	blanco	bianco	biały	άσπρος
blé (nm) 11 A	wheat/corn	trigo	grano	zboże	σιτάρι
blesser (se) (v) 11 C	to injure oneself	herir(se)	ferir(si)	skaleczyć się	τραυματίζομαι
bleu (adj) 7 B	blue	azul	blu/azzurri	niebieski	μπλε
blond (adj) 7 B	blond	rubio	biondo	blondyn	ξανθός
blouson (nm) 14 B	jacket	cazadora	giubbotto	kurtka	μπουφάν
bœuf (nm) 8 A	beef	vaca	manzo	wołowina	βοδινό
boire (v) 8 A	to drink	beber	bere	pić	πίνω
bombe (nf) 17 A	bomb	bomba	bomba	bomba	βόμβα
bon (adj) 2 A	good	bueno	buono	dobry	καλός
bonjour (int) 1 B	hello/good morning	buenos días	buongiorno	dzień dobry	καλημέρα
bonne nuit (int) 1 C	good night	buenas noches	buonanotte	dobra noc	καληνύχτα
bonnet (nm) 7 B	bonnet	gorro	berretto	czapka	σκούφος
bonsoir (int) 1 C	good evening	buenas tardes	buonasera	doby wieczór	καλησπέρα
bord (au - de) (prép) 5 B	at the edge of	a orillas de	bordo (sul)	na brzegu	στην όχθη του
botte (nf) 14 B	boot	bota	stivale	boty	μπότα
bouche (nf) 7 B	mouth	boca	bocca	usta	στόμα

FRANÇAIS	ANGLAIS	ESPAGNOL	ITALIEN	POLONAIS	GREC
boucle (-d'oreille) (nf) 14 B	earring	pendiente	orecchino	klips	σκουλαρίκι
bouger (v) 12 C	to move	mover	muover (si)	poruszać	κινούμαι
bougie (nf) 6 C	candle	vela	candela	świeca	κερί
boulangerie (nf) 17 B	baker shop	panadería	panetteria	piekarnia	φούρνος
boulevard (nm) 1 A	boulevard	bulevar	viale, corso	bulwar	βουλεβάρτο
boulot (nm) 13 A	job	trabajo	lavoro	robota	δουλειά (αργκό)
bourse (d'études) (nf) 13 C	student grant	beca (de estudios)	borsa (di studio)	stypendium	υποτροφία
bourgeois (nm) 13 A	« bourgeois »/middle class person	burgués	borghese	mieszczanin	αστός
boutique (nf) 4 C	shop	tienda	negozio	sklep	κατάστημα
bracelet (nm) 14 B	bracelet	pulsera	braccialetto	bransoletka	βραχιόλι
branche (nf) 8 C	branch	rama	ramo	gałąż	κλαδί
bras (nm) 7 B	arm	brazo	braccio	ręka	βραχίονας
bravo (int) 12 B	bravo	bravo	bravo	brawo	μπράβο
bref (adv) 5 A	in short	en una palabra	insomma	krótki	με άλλα λόγια
bronzer (v) 18 A	to get a tan	broncear	abbronzarsi	opalać	μαυρίζω
brouillon (adj) 14 C	untidy	enredador	confusionario	zagmatwany	ακατάστατο
bruit (nm) 4 C	noise	ruido	rumore	hałas	θόρυβος
brun (adj) 7 B	brown	moreno	moro	brunet	μελαχρινός
budget (nm) 12 B	budget	presupuesto	budget	budżet	προϋπολογισμός
bureau (nm) 4 A	office	despacho	ufficio	biuro	γραφείο

C

FRANÇAIS	ANGLAIS	ESPAGNOL	ITALIEN	POLONAIS	GREC
ça (pron) 10 C	that	eso	questo	to	αυτό
cabine (téléphonique) (nf) 10 C	(telephone) box	cabina (de teléfono)	cabina (telefonica)	kabina (telefoniczna)	καμπίνα
cadeau (nm) 6 C	present/gift	regalo	regalo	prezent	δώρο
cadre (nm) 10 B	executive	ejecutivo	quadri	odpowiedzialne (stanowisko)	στέλεχος
café (nm) 2 B	café	café	caffé	kawa	καφενείο
calculer (v) 10 B	to calculate	calcular	calcolare	liczyć	υπολογίζω
calme (adj) 7 B	calm/quiet	calmo	calmo	spokojny	ήσυχος
cambriolage (nm) 11 C	burglary	robo con efracción	furto	włamanie	διάρρηξη
camping (nm) 10 C	camping	camping	campeggio	kamping	κάμπινγκ
canapé (nm) 15 B	sofa	canapé	divano	kanapa	καναπές
caractère (nm) 7 B	character	carácter	carattere	charakter	χαρακτήρας
carburant (nm) 12 C	fuel	carburante	carburante	paliwo	καύσιμο
caresse (nf) 16 B	caress	caricia	carezza	pieszczota	χάδι
carotte (nf) 8 B	carrot	zanahoria	carota	marchewka	καρότο
carrière (nf) 16 C	career	carrera	carriera	kariera	σταδιοδρομία
carte (bancaire) (nf)2 C	(banker's) card	tarjeta (de crédito)	carta (di credito)	karta (bankowa)	τραπεζική κάρτα
cas (nm) 11 C	case	caso	caso	przypatek	περίπτωση
casser (se) (v) 11 C	to break	romper(se)	romper(si)	łamać się	σπάω
catalogue (nm) 10 C	catalogue	catálogo	catalogo	katalog	κατάλογος
cause (nf) 9 B	reason	causa	causa	powód	λόγω
ceinture (nf) 14 B	belt	cinturón	cintura	pasek	ζώνη
célèbre (adj) 1 B	famous	célebre	famoso	znany	διάσημος
célibataire (adj) 1 B	single (person)	soltero	nubile/celibe	kawalerski	εργένης
celte (adj) 14 C	celtic	celta	celtico	celtycki	κελτικός
centrale (nf) 17 A	(power) station	central	centrale	centrala	σταθμός
centre (nm) 4 C	centre	centro	centro	środek	κέντρο
céréale (nf) 8 B	cereal	cereal	cereale	zboże	δημητριακό
certain (adj) 6 B	sure	seguro	certo/sicuro	pewny	βέβαιος
certainement (adv) 3 B	certainly	seguramente	di sicuro	na pewno	βεβαίως
chaîne (nf) 12 C	production line	cadena	catena	łancuch	αλυσίδα
chaise (nf) 15 B	chair	silla	sedia	krzesło	καρέκλα
chambre (nf) 4 C	bedroom	habitación	camera	pokój	δωμάτιο
champignon (nm) 8 B	mushroom	hongo	fungo	grzyb	μανιτάρι
championnat (nm) 16 A	championship	campeonato	campionato	mistrzostwa	πρωτάθλημα
chance (nf) 6 B	chance	posibilidad	probabilità	szansa	πιθανότητα
changer (v) 2 C	to change	cambiar	cambiare	zmieniać	αλλάζω
chanteur (nm) 1 B	singer	cantor	cantante	piosenkarz	τραγουδιστής

FRANÇAIS	ANGLAIS	ESPAGNOL	ITALIEN	POLONAIS	GREC
chapeau (nm) 14 B	hat	sombrero	cappello	kapelusz	καπέλο
chaque (adj) 12 B	each/every	cada	ogni	każdy	κάθε
charme (nm) 7 B	charm	encanto	fascino	urok	γοητεία
chasse (nf) 16 B	hunt	caza	caccia	polowanie	κυνήγι
chat (nm) 9 C	cat	gato	gatto	kot	γάτος
châtain (adj) 7 B	chestnut	castaño	castano	szatyn	καστανός
château (nm) 4 C	castle	castillo	castello	zamek	πύργος
chaud (adj) 9 B	hot	caliente	caldo	ciepły	ζέστη
chaussette (nf) 14 B	sock	calcetín	calza	skarpetka	κάλτσα
chaussure (nf) 14 B	shoe	zapato	scarpa	but	παπούτσι
chef (nm) 10 B	boss	jefe	capo	szef	προϊστάμενος
chemise (nf) 14 B	shirt	camisa	camicia	koszula	πουκάμισο
chemisier (nm) 14 B	blouse	blusa	camicetta	bluzka	μπλουζάκι
chèque (nm) 2 C	cheque	cheque	assegno	czek	επιταγή
cher (adj) 2 C	expensive	caro	caro	drogi	ακριβός
chercher (v) 2 B	to look for	buscar	cercare	szukać	ψάχνω
chéri (nm) 5 B	darling	querido	caro	umiłowany	αγάπη μου
cheval (nm) 8 C	horse	caballo	cavallo	koń	άλογο
chevalier (nm) 17 A	knight	caballero	cavaliere	rycerz	ιππότης
cheveu (nm) 7 B	hair	cabello	capelli	włosy	μαλλιά
chez (prép) 3 A	at the house of	en casa de	da	u	σπίτι του
chiffre (nm) 8 B	number	cifra	cifra	cyfra	νούμερο
chien (nm) 9 C	dog	perro	cane	pies	σκύλος
chirurgien (nm) 12 C	surgeon	cirujano	chirurgo	chirurg	χειρούργος
choc (nm) 16 C	shock/impact	choque	shock	wstrząs	σοκ
chocolat (nm) 8 A	chocolate	chocolate	cioccolato	czekolada	σοκολάτα
choisir (v) 8 B	to chose	escoger	scegliere	wybrać	διαλέγω
chômage (nm) 10 B	unemployment	paro	disoccupazione	bezrobocie	ανεργία
chorale (nf) 15 A	choral	coral	coro	chór	χορωδία
chose (nf) 14 A	thing	cosa	cosa	rzecz	πράγμα
chou (nm) 8 B	cabbage	col	cavolo	kapusta	λάχανο
christianisme (nm) 17 A	Christianity	cristianismo	cristianesimo	chrześcijaństwo	χριστιανισμός
cigarette (nf) 11 C	cigarette	cigarillo	sigaretta	papieros	τσιγάρο
cinéma (nm) 2 A	cinema	cine	cinema	kino	σινεμά
cinéphile (nm) 15 C	film fan	amante del cine	cinefilo	kinofil	κινηματογραφόφιλος
circuit (nm) 8 C	tour	circuito	circuito	obwód	γύρος
circulation (nf) 4 C	traffic	circulación	traffico	ruch	κυκλοφορία
citoyen (nm) 13 A	citizen	ciudadano	cittadino	obywatel	πολίτης
citron (nm) 2 B	lemon	limón	limone	cytryna	λεμόνι
clair (adj) 15 B	light	claro	luminoso	jasny	φωτεινός
classique (adj) 14 B	classical	clásico	classico	klasyczny	κλασσικός
client (nm) 10 A	customer	cliente	cliente	klient	πελάτης
climat (nm) 17 B	climate	clima	clima	klimat	κλίμα
clochard (nm) 2 A	tramp	vagabundo	vagabondo	włóczęga	κλοσάρ/ζητιάνος
cloison (nf) 15 B	partition	tabique	tramezzo	scianka	τοίχος
clown (nm) 14 B	clown	payaso	pagliaccio	błazen	κλόουν
cocotier (nm) 17 C	coconut tree	cocotero	cocco	palma kokosowa	φοινικόδεντρο
cocktail (nm) 8 C	cocktail	cóctel	cocktail	koktajl	κοκτέιλ
code (nm) 13 C	code	código	codice	kodeks	κωδικός
cœur (nm) 8 C	heart	corazón	cuore	serce	καρδιά
collaborateur (nm) 11A	colleague	colaborador	collaboratore	współpracownik	συνεργάτης
collection (nf) 4 C	collection	colección	collezione	zbiór	συλλογή
collier (nm) 14 B	necklace	collar	collana	naszyjnik	κολιέ
collège (nm) 13 B	secondary school	colegio	scuola media	gimnazjum	γυμνάσιο
collègue (nm) 6 B	colleague	colega	collega	kolega	συνάδελφος
colonie (nf) 17 C	colony	colonia	colonia	kolonia	αποικία
combat (nm) 14 C	combat	combate	battaglia	walka	αγώνας
combien (adv) 2 C	how much/many	cuanto	quanto	ile	πόσους
comédien (nm) 1 A	actor	comediante	attore	aktor	ηθοποιός
commander (v) 8 B	to order	pedir	ordinare	zamówic	παραγγέλλω
comme (adv) 1 B	like	como	come	jak/taki jak	όπως
commencer (v) 4 B	to begin	empezar	cominciare	zaczynać	αρχίζω
comment (adv) 1 A	what /how	cómo	come	jak	τι/πώς
commerçant (nm) 8 A	shopkeeper	comerciante	commerciante	handlarz	έμπορος

FRANÇAIS	ANGLAIS	ESPAGNOL	ITALIEN	POLONAIS	GREC
commissaire (nm) 14 B	superintendent	comisario	commissario	komisarz	αστυνόμος
commun (mettre en -) (v) 17 A	to share	reunir	mettere in comune	podzielić	βάζω από κοινού
commune (nf) 13 C	commune	comuna	comune	miejscowość	κοινότητα
communication (nf) 10 A	communication	comunicación	comunicazione	komunikacja	επικοινωνία
compagnie (nf) 10 A	company	compañía	società	towarzystwo	εταιρία
complet (adj) 9 B	full up	completo	al completo	pełny	πλήρης
compliqué (adj) 18 C	complicated	complicado	complicato	skomplikowany	προβληματικός
comportement (nm) 10 A	behaviour	comportamiento	comportamento	zachowanie	συμπεριφορά
comprendre (v) 2 B	to understand	comprender	capire	rozumieć	καταλαβαίνω
compter (v) 7 C	to count	contar	contare	liczyć	μετρώ
concert (nm) 3 A	concert	concierto	concerto	koncert	συναυλία
concurrence (nf) 10 B	competition	competencia	concorrenza	konkurencja	ανταγωνισμός
concours (nm) 13 B	competitive exam	oposiciones	concorso	konkurs	διαγωνισμός
condition (nf) 14 A	condition	condición	condizione	warunek	συνθήκη
conduire (v) 12 B	to take/drive sb	conducir	accompagnare (in macchina)	prowadzić	οδηγώ
confiance (nf) 16 B	confidence	confianza	fiducia	zaufanie	εμπιστοσύνη
confident (nm) 16 B	confidant	confidente	confidente	konfident	φίλος στον οποίο εμπιστεύομαι μυστικά
confirmer (v) 10 C	to confirm	confirmar	confermare	potwierdzać	επικυρώνω
confiture (nf) 9 C	jam	mermelada	marmellata	konfitura	μαρμελάδα
confort (nm) 16 B	comfort	confort	comodità	wygoda	άνεση
congé (nm) 3 C	holiday	asueto	ferie	urlop	άδεια
connaître (v) 1 C	to know	conocer	conoscere	znać	γνωρίζω
conquête (nf) 14 C	conquest	conquista	conquista	zdobycie	κατάκτηση
conséquence (nf) 11 C	consequence	consecuencia	conseguenza	konsekwencja	αποτέλεσμα
conserver (v) 12 C	to keep	conservar	conservare	zachować	διατηρώ
consommateur (nm) 11 C	consumer	consumidor	consumatore	konsument	καταναλωτής
construire (v) 17 B	to build	construir	costruire	budować	οικοδομώ
consulter (v) 12 B	to consult	consultar	consultare	oglądać	συμβουλεύομαι
content (adj) 6 B	happy/pleased	contento	contento	zadowolony	χαρούμενος
continuer (v) 5 B	to continue	continuar	continuare	kontynuować	συνεχίζω
contrat (nm) 11 A	contract	contrato	contratto	umowa	συμβόλαιο
contre (prép) 13 C	against	contra	contro	przeciw	εναντίον
contrôleur (nm) 9 A	controller	controlador	controllore	kontroler	ελεγκτής
convaincre (v) 18 A	to convince	convencer	convincere	przekonywać	πείθω
conversation (nf) 18 A	conversation	conversación	conversazione	rozmowa	συζήτηση
coopération (nf) 12 C	co-operation	cooperación	cooperazione	kooperacja	συνεργασία
copain (nm) 13 A	friend	amigo	amico	kumpel	φίλος (αργκό)
corps (nm) 7 B	body	cuerpo	corpo	ciało	σώμα
correspondant (nm) 10 C	correspondent	interlocutor	corrispondente	korespondent	ανταποκριτής
corriger (v) 11 A	to correct	corregir	correggere	poprawiać	διορθώνω
costume (nm) 14 B	suit	traje	completo da uomo	garnitur	κουστούμι
côté (à - de) (prép) 5 B	near	al lado de	fianco (di-a)	obok	δίπλα
coton (nm) 14 B	cotton	algodón	cotone	bawełna	βαμβάκι
coucher (se -) (v) 6 A	to go to bed	acostar(se)	andare a dormire	kłaść się	ξαπλώνω
couleur (nf) 8 C	colour	color	colore	kolor	χρώμα
couloir (nm) 10 C	corridor	pasillo	corridoio	korytarz	διάδρομος
coupe (nf) 15 C	glass (of champagne)	copa	coppa	cięcie	ποτήρι
courageux (adj) 7 B	brave	valiente	coraggioso	dzielny	θαρραλέος
courant (adj) 18 A	common	corriente	parlato	bieżący	σύνηθες
courrier (nm) 10 A	mail	correo	posta	poczta	αλληλογραφία
coureur (nm) 16 A	runner	corredor	corridore	biegacz	δρομέας
cours (nm) 13 B	class	curso	corso	lekcje	μάθημα
court (adj) 7 B	short	corto	corto	krótki	κοντός
cousin (nm) 5 C	cousin	primo	cugino	kuzyn	ξάδελφος
couteau (nm) 8 B	knife	cuchillo	coltello	nóż	μαχαίρι
coûter (v) 2 C	to cost	costar	costare	kosztować	κοστίζει
couvrir (v) 17 C	to cover	cubrir	coprire	przykrywać	καλύπτω

FRANÇAIS	ANGLAIS	ESPAGNOL	ITALIEN	POLONAIS	GREC
cravate (nf) 14 B	tie	corbata	cravatta	krawat	γραβάτα
créer (v) 12 C	to create	creer	creare	tworzyć	δημιουργώ
crème (nf) 8 A	cream	crema	crema	śmietana	κρέμα
crier (v) 11 A	to shout	gritar	gridare	krzyczeć	φωνάζω
crise (nf) 12 C	crisis	crisis	crisi	kryzys	κρίση
critiquer (v) 8 B	to criticize	criticar	criticare	krytykować	κριτικάρω
croire (v) 15 A	to believe	creer	credere	wierzyć	πιστεύω
cueillir (v) 12 C	to pick	recoger	raccogliere	zbierać	μαζεύω
cuillère (nf) 8 B	spoon	cuchara	cucchiaio	łyżka	κουτάλι
cuir (nm) 14 B	leather	cuero	pelle	skóra	δέρμα
cuisinière (nf) 3 A	cook	cocinera	cuoca	kuchenka	μαγείρισσα
culotte (nf) 14 B	knickers	bragas	mutande	majtki	κυλότα
cultiver (v) 17 B	to grow	cultivar	coltivare	uprawiać	καλλιεργώ
curieux (adj) 7 B	inquisitive	curioso	curioso	ciekawy	περίεργος

D

FRANÇAIS	ANGLAIS	ESPAGNOL	ITALIEN	POLONAIS	GREC
dangereux (adj) 3 B	dangerous	peligroso	pericoloso	niebezpieczny	επικίνδυνος
danse (nf) 3 B	dance	baile	danza	taniec	χορός
date (nf) 1 B	date	fecha	data	data	ημερομηνία
débat (nm) 17 A	debate	debate	dibattito	debata	συζήτηση
debout (adv) 7 B	standing	de pie	in piedi	na stojąco	όρθιος
décaféiné (adj) 12 C	decaffeinated	descafeinado	decaffeinato	bez kafeiny	ντεκαφεϊνέ
décider (v) 6 C	to decide	decidir	decidere	decydować	αποφασίζω
déclaration (nf) 12 B	declaration	declaración	denuncia	deklaracja	δήλωση
décolleté (adj) 14 C	low-knecked	escotado	scollato	wydekoltowany	ντεκολτέ
découvrir (v) 7 C	to discover/to find out	descubrir	scoprire	odkryć	ανακαλύπτω
déception (nf) 7 A	deception	decepción	delusione	rozczarowanie	απογοήτευση
défaut (nm) 7 B	fault	defecto	difetto	defekt	ελάττωμα
défendre (v) 7 B	to defend	defender	difendere	bronić	υποστηρίζω
défiler (v) 13 C	to march	desfilar	sfilare	defilować	κάνω διαδήλωση
déjeuner (v) 6 B	to have lunch	almorzar	pranzare	obiad	γευματίζω
délicieux (adj) 8 B	delicious	delicioso	delizioso	rozkoszny	νόστιμος
demain (adv) 3 A	tomorrow	mañana	domani	jutro	αύριο
demander (v) 5 A	to ask for	pedir	chiedere	prosić, pytać	ρωτώ
démission (nf) 11 B	resignation	dimisión	dimissione	dymisja	παραίτηση
démolir (v) 15 B	to destroy	derribar	demolire	burzyć	σπάω
dent (nf) 7 B	tooth	diente	dente	ząb	δόντι
départ (nm) 4 C	departure	partida	partenza	odejście	αναχώρηση
département (nm) 13 C	department	departamento	dipartimento	departament	νομός
dépêcher (se -) (v) 6 A	to hurry up	dar(se) prisa	sbrigar (si)	spieszyć się	βιάζομαι
déprimé (adj) 11 C	depressed	deprimido	depresso	przygnębiony	μέχει πιάσει κατάθλιψη
depuis (prép) 7 C	since	desde	da	od	από
député (nm) 13 C	deputy	diputado	deputato	poseł	βουλευτής
déranger (v) 11 A	to disturb	molestar	disturbare	przeszkadzać	ενοχλώ
dernier (adj) 9 A	last	último	scorso	ostatni	περασμένος
dérouler (se-) (v) 11 B	to take place	desarrollar(se)	svolger (si)	rozwijać się	εκτυλίσσεται
derrière (prép) 5 B	behind	detrás	dietro	w tyle	πίσω απο
désagréable (adj) 9 B	unpleasant	desagradable	spiacevole	nieprzyjemny	δυσάρεστος
descendre (v) 9 A	to go down	descender	scendere	zchodzić	κατεβαίνω
désert (nm) 10 B	desert	desierto	deserto	pustynia	έρημος
désir (nm) 16 B	wish	deseo	desiderio	pragnienie	επιθυμία
désordre (nm) 16 B	untidieness	desorden	disordine	nieporządek	ακαταστασία
désorganisé (adj) 14 C	disorganised	desorganizado	disorganizzato	dezorganizować	αποδιοργανωμένος
dessin (nm) 12 B	drawing	dibujo	disegno	rysunek	σχέδιο
dessous (prép) 5 B	under	debajo de	sotto	pod	κάτω από
dessous (adv) 5 B	underneath	debajo	sotto	pod spodem	κάνω
dessus (prép) 5 B	on top of	arriba de	sopra, su	nad	πάνω απο
dessus (adv) 5 B	above	arriba	sopra	na wierzchu	πάνω
destination (nf) 10 C	destination	destino	destinazione	przeznaczenie	προορισμός
détail (nm) 15 B	detail	detalle	dettaglio	szczegół	λεπτομέρεια
détester (v) 3 B	to hate/to detest	aborrecer	detestare	nienawidzieć	απεχθάνομαι
devant (prép) 5 B	in front of	delante de	davanti a	przed	μπροστά απο
développer (se -) (v) 13 A	to develop	desarrollar(se)	sviluppar (si)	rozwijać się	αναπτύσσομαι

FRANÇAIS	ANGLAIS	ESPAGNOL	ITALIEN	POLONAIS	GREC
devenir (v) 7 C	to become	volver(se)	diventare	stawać się	γίνομαι
devoir (v) 3 C	to have to	deber	dovere	musieć	οφείλω
dialoguer (v) 10 A	to discuss	dialogar	dialogare	dialogować	συνδιαλέγομαι
dictionnaire (nm) 2 A	dictionary	diccionario	dizionario	słownik	λεξικό
différent (adj) 6 C	different	diferente	diverso	różny	διαφορετικός
difficile (adj) 2 A	difficult	difícil	difficile	trudny	δύσκολος
diminuer (v) 10 B	to decrease	disminuir	diminuire	zmniejszać	μειώνω
dîner (v) 6 B	to have dinner	cenar	cenare	jeść kolację	δειπνώ
diplôme (nm) 4 A	diploma	diploma	diploma	dyplom	δίπλωμα
dire (v) 11 A	to tell	decir	dire	mówić	λέω
direct (adj) 10 C	direct	directo	diretto	bezpośredni	απευθείας
directeur (nm) 4 B	manager	director	direttore	dyrektor	διευθυντής
diriger (v) 7 B	to manage	dirigir	dirigere	kierować	διευθύνω
disparition (nf) 17 A	disappearance	desaparición	scomparsa	zniknięcie	εξαφάνιση
disposition (nf) 15 B	lay-out	disposición	disposizione	dyspozycja	προσανατολισμός
disputer (se-) (v) 12 A	to argue	reñir con	litigare	kłócić się	μαλλώνω
disque (nm) 2 A	record	disco	disco	płyta	δίσκος
distance (nf) 12 B	distance	distancia	distanza	odległość	απόσταση
distingué (adj) 13 B	distinguished	distinguido	distinto	wytworny	διακεκριμένος
division (nf) 13 C	division	división	divisione	podział	διαίρεσ
divorce (nm) 5 C	divorce	divorcio	divorzio	rozwód	διαζύγιο
documentation (nf) 11 A	documentation	documentación	documentazione	dokumentacja	ενημερωτικό φυλλάδιο
doigt (nm) 7 B	finger	dedo	dito	palec	δάκτυλο
dominer (v) 17 A	to dominate	dominar	dominare	panować nad	εξουσιάζω
dommage (nm) 15 B	pity	lástima	peccato	szkoda	κρίμα
donc (conj) 6 B	therefore	pues	quindi	więc	κατά συνέπεια
donner (v) 6 C	to give	dar	dare	dawać	δίνω
dormir (v) 6 B	to sleep	dormir	dormire	spać	κοιμάμαι
dossier (nm) 16 A	file	expediente/legajo	pratica	dokumentacja	ντοσιέ
double (adj) 4 A	double	doble	matrimoniale	podwójny	διπλός
doucement (adv) 15 B	slowly	despacio	piano	łagodnie	τρυφερά
douceur (nf) 16 B	gentleness	dulzura	dolcezza	łagodność	τρυφερότητα
douche (nf) 6 B	shower	ducha	doccia	prysznic	ντους
doute (nm) 17 A	doubt	duda	dubbio	wątpliwość	αμφιβολία
dramatique (adj) 14 B	dramatic	dramático	drammatico	dramatyczny	δραματικός
drogué (nm) 11 C	drug addict	drogadicto	drogato	narkoman	ναρκομανής
droit (nm) 13 B	law	derecho	legge	prawo	νομική
droite (à - de) (prép) 5 B	on the right of	(a la) derecha (de)	destra (a - di)	na prawo od	δεξιά από
durée (nf) 17 B	duration	duración	durata	czas trwania	διάρκεια
dynamique (adj) 12 C	dynamic	dinámico	dinamico	dynanamiczny	δυναμικός

E

eau (nf) 2 A	water	agua	acqua	woda	νερό
échange (nm) 12 B	exchange	intercambio	scambio	wymiana	ανταλλαγή
écharpe (nf) 14 B	scarf	bufanda	sciarpa	szalik	εσάρπα
échec (nm) 11 B	failure	fracaso	fallimento	porażka	αποτυχία
école (maternelle) (nf) 13 B	nursery school	escuela de párvulos	scuola materna	przedszkole	νηπιαγωγείο
école (primaire) (nf) 13 B	(primary) school	escuela (primaria)	scuola elementare	szkoła podstawowa	δημοτικό
économique (adj) 12 C	economical	económico	economico	ekonomiczny	οικονομικός
écouter (v) 2 A	to listen to	escuchar	ascoltare	słuchać	ακούω
écrire (v) 2 B	to write	escribir	scrivere	pisać	γράφω
écrivain (nm) 1 B	writer/author	escritor	scrittore	pisarz	συγγραφέας
édition (nf) 2 B	edition	edición	edizione	wydanie	έκδοση
éducation (nf) 13 B	education	educación	educazione	wychowanie	εκπαίδευση
effort (nm) 16 A	effort	esfuerzo	sforzo	wysiłek	προσπάθεια
égalité (nf) 17 B	equality	igualdad	uguaglianza	równość	ισότητα
église (nf) 4 C	church	iglesia	chiesa	kościół	εκκλησία
égoïste (adj) 7 B	egoist	egoísta	egoista	egoistyczny	εγωιστής
électrique (adj) 12 C	electrical	eléctrico	elettrico	elektryczny	ηλεκτρικός
éléphant (nm) 17 A	elephant	elefante	elefante	słoń	ελέφαντας
élire (v) 13 C	to elect	elegir	eleggere	wybierać	εκλέγω

FRANÇAIS	ANGLAIS	ESPAGNOL	ITALIEN	POLONAIS	GREC
embarcadère (nm) 18 C	pier	embarcadero	imbarcadero	przystań	προκυμαία
embarquer (v) 11 A	to board/to go aboard	embarcar	imbarcar (si)	wsiadać na	επιβιβάζομαι
embouteillage (nm) 12 C	traffic jam	atasco	ingorgo	korek	μποτιλιάρισμα
émission (nf) 12 B	TV programme	programa	trasmissione	emisja	εκπομπή
emmener (v) 12 B	to take someone away	llevar	portare via	zaprowadzić	φέρνω
empire (nm) 14 C	empire	imperio	impero	imperium	αυτοκρατορία
emploi (nm) 4 B	job	empleo	lavoro	praca	θέση εργασίας
employé (nm) 1 B	employee	empleado	impiegato	pracownik	υπάλληλος
emporter (v) 12 B	to take something away	llevar	portare via	zabierać	παίρνω μαζί μου
emprunter (v) 12 B	to borrow	tomar prestado	prendere in prestito	pożyczać	δανείζομαι
encore (adv) 8 A	again	todavía	ancora	jeszcze	ακόμα
encyclopédie (nf) 14 A	encyclopedia	enciclopedia	enciclopedia	encyklopedia	εγκυκλοπαίδεια
endroit (nm) 14 A	place	lugar	posto	miejsce	μέρος
énergie (nf) 4 A	energy	energía	energia	energia	ενέργεια
enfant (nm/nf) 5 C	child	niño/a	bambino/a	dziecko	παιδί
enfer (nm) 14 B	hell	infierno	inferno	piekło	κόλαση
enfin (adv) 9 A	at last/finally	en fin	infine	wreszcie	επί τέλους
engager (v) 11 B	to hire	contratar	assumere	przyjąć	προσλαμβάνω
enlèvement (nm) 11 C	kidnapping	rapto	rapimento	porwanie	απαγωγή
ennuyer (s'-) (v) 14 A	to be bored	aburrir(se)	annoiar (si)	nudzić się	πλήττω
enquête (nf) 14 B	investigation	encuesta	inchiesta	śledztwo	ανάκριση
enrichir (v) 17 B	to enrich	enriquecer	arricchire	wzbogacać	πλουτίζω
enseignement (nm) 13 B	education	enseñanza	insegnamento	nauka	διδασκαλία
ensemble (nm) 14 C	collection/group	conjunto	insieme	całość	σύνολο
ensuite (adv) 9 A	then	luego	poi/dopo	następnie	μετά
ensoleillé (adj) 9 B	sunny	soleado	soleggiato	słoneczny	ηλιόλουστος
entendre (v) 4 A	to hear	oír	capire	słuchać	ακούω
entre (prép) 5 B	between	entre	tra	między	μεταξύ
entrée (nf) 2 C	entrance	entrada	entrata	wejście	εισητήριο
entreprise (nf) 6 C	company/enterprise	empresa	impresa	przedsiębiorstwo	επιχείρηση
envie (avoir - de) (v) 16 B	to want to	apetecer	avere voglia di	mieć ochotę na	επιθυμώ, μου κάνει όρεξη
environ (adv) 12 C	around/about	alrededor	circa	około	περίπου
environnement (nm) 7 B	environment	entorno	ambiente	otoczenie	περιβάλλον
envoyer (v) 12 A	to send	enviar	mandare	posyłać	στέλνω
époque (nf) 7 A	epoch	época	epoca	epoka	εποχή
équilibré (adj) 16 B	balanced	equilibrado	equilibrato	zrównoważony	ισορροπημένος
équipe (nf) 10 A	team	equipo	gruppo	zespół	ομάδα
équiper (v) 15 B	to fit out	equipar	attrezzare	wyposażyć	εξοπλίζω
escalier (nm) 4 C	staircase	escalera	scala	schody	σκάλα
escargot (nm) 9 C	snail	caracol	lumaca	ślimak	σαλιγκάρι
esclavage (nm) 17 B	slavery	esclavitud	schiavitù	niewolnictwo	σκλαβιά
espace (nm) 17 C	space	espacio	spazio	przestrzeń	τοπίο
espèces (nf pl) 2 C	cash	efectivo	contanti	gotówka	μετρητά
esprit (nm) 17 B	mind	mentalidad	spirito	duch	πνεύμα
essayer (v) 11 B	to try	tratar	cercare	próbować	προσπαθώ
essence (nf) 12 C	petrol	gasolina	benzina	benzyna	βενζίνη
essuie-glace (nm) 12 C	windscreen wipers	limpiaparabrisas	tergicristallo	wycieraczki	υαλοκαθαριστήρες
établir (v) 17 C	to set up/to establish	establecer	istituire/stabilire	ustalać	ιδρύω
étage (nm) 9 C	floor	planta	piano	piętro	όροφος
été (nm) 6 C	summer	verano	estate	lato	καλοκαίρι
étiquette (nf) 14 C	etiquette	etiqueta	etichetta	etykietka	πρωτόκολλο
étoile (nf) 8 C	star	estrella	stella	gwiazda	αστέρι
étonné (adj) 9 C	astonished/surprised	asombrado	sorpreso	zdziwiony	έκπληκτος
étranger (adj) 1 A	foreign	extranjero	straniero	obcy	ξένος
être (v) 1 A	to be	ser	essere	być	είμαι
étroit (adj) 14 B	tight	estrecho	stretto	wąski	στενός
étudiant (nm) 1 B	student	estudiante	studente	student	φοιτητής
européen (adj) 1 A	european	europeo	europeo	europejski	ευρωπαίος
événement (nm) 14 C	event	acontecimiento	evento	wypadek	γεγονός
évidemment (adv) 11 C	obviously	evidentemente	ovviamente	oczywiście	προφανώς
exagérer (v) 11 C	to exaggerate	exagerar	esagerare	przesadzać	υπερβάλλω
examen (nm) 13 B	exam	examen	esame	egzamin	διαγώνισμα

FRANÇAIS	ANGLAIS	ESPAGNOL	ITALIEN	POLONAIS	GREC
excellent (adj) 6 C	excellent	excelente	eccellente	świetny	εξαίρετος
excuser (s'-) (v) 2 B	to excuse oneself	disculpar(se)	scusar (si)	usprawiedliwiać się	ζητώ συγγνώμη
exemple (nm) 12 B	example	ejemplo	esempio	przykład	παράδειγμα
exister (v) 14 C	to exist	existir	esistere	istnieć	υπάρχω
exotisme (nm) 17 B	exoticism	exotismo	esotismo	egzotyzm	εξωτικότητα
expérience (nf) 4 A	experience	experiencia	esperienza	doświadczenie	πείρα
expliquer (v) 11 A	to explain	explicar	spiegare	tłumaczyć	εξηγώ
exporter (v) 10 A	to export	exportar	esportare	eksportować	εξάγω
exposé (nm) 13 B	exposition/talk	ponencia	presentazione	sprawozdanie	ομιλία
exposition (nf) 3 B	exhibition	muestra	mostra	wystawa	έκθεση
exprès (adv) 15 A	on purpose	adrede	apposta	naumyślnie	επίτηδες
expression (nf) 17 C	expression	expresión	espressione	wyrażenie	έκφραση
extérieur (nm) 16 B	outside	exterior	esterno	strona zewnętrzna	εξωτερικό
extraordinaire (adj) 4 A	extraordinary	extraordinario	straordinario	niezwykły	καταπληκτικός

F

FRANÇAIS	ANGLAIS	ESPAGNOL	ITALIEN	POLONAIS	GREC
fabriquer (v) 10 A	to make	fabricar	fabbricare	produkować	κατασκευάζω
façade (nf) 17 B	front/façade	fachada	facciata	fasada	πρόσοψη
face (en - de) (prép) 5 B	opposite	enfrente de	davanti a	na przeciwko	απέναντι από
facile (adj) 2 B	easy	fácil	facile	łatwy	εύκολος
facultatif (adj) 11 B	optional	facultativo	facoltativo	nieobowiązkowy	προαιρετικός
faim (nf) 8 A	hunger	hambre	fame	głód	πείνα
faire (v) 3 A	to do	hacer	fare	robić	κάνω
faire-part (nm) 12 B	invitation	participación	partecipazione	zawiadomienie	αγγελτήριο
fait divers (nm) 16 C	local news	suceso	fatto di cronaca	kronika wypadkow	τα «ψιλά» των εφημερίδων
falaise (nf) 5 C	cliff	acantilado	scogliera	urwisty brzeg	βράχος
falloir (v) 11 B	to need	hacer falta	bisognare/volerci	potrzebować	πρέπει
famille (nf) 5 B	family	familia	famiglia	rodzina	οικογένεια
fatigué (adj) 4 C	tired	cansado	stanco	zmęczony	κουρασμένος
fauteuil (nm) 15 B	armchair	sillón	poltrona	fotel	πολυθρόνα
faux (adj) 10 C	wrong	falso	sbagliato	fałszywy	λαθασμένο
féliciter (v) 12 B	to congratulate	felicitar	complimentare	gratulować	συγχαίρω
fermer (v) 4 B	to close	cerrar	chiudere	zamykać	κλείνω
fête (nf) 6 C	feast	fiesta	festa	święto	γιορτή
feu (nm) 11 B	fire	fuego	fuoco	ogień	φωτιά
feuille (nf) 8 C	leaf	hoja	foglia	liść	φύλλο
fiancé (nm) 13 A	fiancé	novio	fidanzato	narzeczony	αρραβωνιαστικός
ficher la paix (v) 18 C	to leave alone	dejar en paz	lasciare in pace	odczepić się	αφήνω κάποιον στην ησυχία του
fidélité (nf) 16 B	fidelity	fidelidad	fedeltà	wierność	πιστότητα
fier (adj) 14 C	proud	orgulloso	orgoglioso	dumny	περήφανος
figurer (se-) (v) 15 C	to imagine	figurar(se)	figurar(si)	wyobrażać sobie	φαντάζομαι
fille (nf) 5 C	daughter	hija	figlia	córka	κόρη
film (nm) 2 A	film	película	film	film	ταινία
fils (nm) 5 C	son	hijo	figlio	syn	γιος
fin (nf) 6 C	end	fin	fine	koniec	τέλος
finale (nf) 16 C	final	final	finale	finał	τελικός
finalement (adv) 14 B	in the end	finalmente	alla fine	ostatecznie	τελικά
finir (v) 4 B	to finish	terminar	finire	kończyć	τελειώνω
flèche (nf) 5 B	arrow	flecha	freccia	strzała	βέλος
fleur (nf) 6 C	flower	flor	fiore	kwiat	λουλούδι
fleuve (nm) 8 C	river	río	fiume	rzeka	ποταμός
fois (nf) 9 A	time	vez	volta	raz	φορά
fonction (nf) 16 B	function	función	funzione	funkcja	ρόλος
fonctionnaire (nm) 5 A	civil servant	funcionario	funzionario	funkcjonariusz	δημόσιος υπάλληλος
fonder (v) 13 C	to found	fundar	fondare	założyć	ιδρύω
football (nm) 3 B	football	fútbol	calcio	piłka nożna	ποδόσφαιρο
forêt (nf) 8 C	forest	bosque	foresta	las	δάσος
formation (nf) 13 C	training/education	formación	formazione	kształcenie	εκπαίδευση
forme (nf) 11 C	health	forma	forma	forma	σε φόρμα
formidable (adj) 6 B	wonderful	formidable	formidabile	wspaniały	υπέροχος
fort (adj) 9 B	strong	fuerte	forte	mocny	δυνατός
foule (nf) 11 A	crowd	muchedumbre	folla	tłum	πλήθος

113

FRANÇAIS	ANGLAIS	ESPAGNOL	ITALIEN	POLONAIS	GREC
foulard (nm) 14 B	(head) scarf	pañuelo (para el cuello)	foulard	apaszka	μαντήλι λαιμού
fourchette (nf) 8 B	fork	tenedor	forchetta	widelec	πηρούνι
franc (nm) 2 C	franc (money)	franco	franco	frank	φράγκο
francophone (adj) 17 C	french-speaking	francófono	francofono	wspólnota francuzkojęzyczna	γαλλόφωνος
fréquemment (adv) 10 A	frequently	frecuentemente	di frequente	często	συχνά
frère (nm) 5 C	brother	hermano	fratello	brat	αδελφός
fric (nm) 13 A	money/bread	tela	soldi	forsa	χρήματα (αργκό)
frite (nf) 8 B	chip	patata frita	patatina fritta	frytka	τηγανητή πατάτα
froid (adj) 7 B	cold	frío	freddo	zimny	κρύος
fromage (nm) 8 B	cheese	queso	formaggio	ser	τυρί
front (nm) 13 C	front	frente	fronte	front	μέτωπο
fruit (nm) 2 B	fruit	fruta	frutta	owoc	φρούτο
fumer (v) 7 C	to smoke	fumar	fumare	palić	καπνίζω
fusil (nm) 16 B	gun/rifle	fusil	fucile	strzelba	ντουφέκι
futur (adj) 13 A	future	futuro	futuro	przyszły	μελλοντικός

G

FRANÇAIS	ANGLAIS	ESPAGNOL	ITALIEN	POLONAIS	GREC
gaieté (nf) 16 B	happiness	alegría	allegria	wesołość	ευθυμία
gagner (v) 9 C	to earn	ganar	guadagnare	zarabiać	κερδίζω
garagiste (nm) 9 A	garage owner/mechanic	garajista	meccanico	garażysta	μηχανικός αυτοκινήων
garantir (v) 18 B	to guarantee	garantizar	garantire	gwarantowac	εγγυώμαι
garçon de café (nm) 1 B	waiter	camarero	cameriere	chłopiec	σερβιτόρος
garder (v) 17 C	to keep	guardar	mantenere	opiekować się	διατηρώ
gare (nf) 4 B	station	estación	stazione	dworzec	σταθμός τρένου
gâteau (nm) 8 B	cake	pastel	dolce/biscotto	ciasto	γλυκό
gauche (à - de) (prép) 5 B	on the left of	(a la) izquierda (de)	sinistra (a - di)	na lewo od	αριστερά από
gaulois (nm) 14 C	Gaul	galo	gallo	galijski	γαλάτης
gauloiserie (nf) 14 C	joke	broma atrevida	battuta pesante	rubaszne żarty	τολμηρό αστείο
géant (nm) 17 A	giant	gigante	gigante	olbrzym	γίγαντας
géométrie (nf) 14 C	geometry	geometría	geometria	geometria	γεωμετρία
gendarmerie (nf) 11 C	police station	gendarmería	gendarmeria	żandarmeria	χωροφυλακή
généreux (adj) 7 B	generous	generoso	generoso	hojny	γενναιόδωρος
génial (adj) 15 A	great	genial	geniale	genialny	μεγαλοφυής
genre (nm) 14 A	style	tipo	tipo	rodzaj	στυλ
gens (nm pl) 1 B	people	gente	gente	ludzie	κόσμος
gentil (adj) 3 B	kind	amable	carino/gentile	miły	καλό παιδί
gérer (v) 10 B	to manage	regir	gestire	zarządzać	διαχειρίζομαι
glace (nf) 8 B	ice cream	helado	gelato	lód	παγωτό
gloire (nf) 15 A	fame	gloria	fama/gloria	sława	δόξα
goûter (v) 8 B	to taste	probar	assaggiare	kosztować	δοκιμάζω
gouvernement (nm) 13 C	government	gobierno	governo	rząd	κυβέρνηση
gramme (nm) 8 B	gramme	gramo	grammo	gram	γραμμάριο
grand (adj) 2 B	big/tall	grande /alto	grande/alto	duży	μεγάλος
grand-mère (nf) 5 C	grandmother	abuela	nonna	babcia	γιαγιά
grand-père (nm) 5 C	grandfather	abuelo	nonno	dziadek	παππούς
gratuit (adj) 2 C	free	gratuito	gratis	za darmo	δωρεάν
grave (adj) 9 B	serious	grave	grave	poważny	σοβαρός
grenouille (nf) 9 C	frog	rana	rana	żaba	βάτραχος
grève (nf) 9 B	strike	huelga	sciopero	strajk	απεργία
gris (adj) 8 C	grey	gris	grigio	szary	γκρίζος
gros (adj) 7 B	fat	gordo	grasso/grosso	gruby	χοντρός
guêpe (nf) 11 C	wasp	avispa	vespa	osa	σφήκα
guérir (v) 11 C	to cure	curar	guarire	wyleczyć	θεραπεύω
guerre (nf) 6 C	war	guerra	guerra	wojna	πόλεμος
guide (nm) 10 C	guide	guía	guida	przewodnik	οδηγός

H

FRANÇAIS	ANGLAIS	ESPAGNOL	ITALIEN	POLONAIS	GREC
habiller (s'-) (v) 6 A	to dress oneself	vestir(se)	vestir (si)	ubierać	ντύνομαι
habiter (v) 1 B	to live	vivir	abitare	mieszkać	κατοικώ
habitude (nf) 9 C	habit	costumbre	abitudine	przyzwyczajenie	συνήθεια

FRANÇAIS	ANGLAIS	ESPAGNOL	ITALIEN	POLONAIS	GREC
habituer (s'-) (v) 17 A	to get used to	acostumbrar(se)	abituar (si)	przyzwyczajać się	συνηθίζω
haine (nf) 17 B	hatred	odio	odio	nienawiść	μίσος
haricot (nm) 8 B	(green) bean	judía	fagiolino	fasola	φασόλι
harmonie (nf) 14 C	harmony	armonía	armonia	harmonia	αρμονία
haut (en - de) (prép) 5 B	at the top of	arriba de	in alto/sopra	na górze	στο πάνω μέρος
hein (int) 11 B	eh	eh	eh	a/ah	εντάξει
hélas (int) 4 A	alas	desgraciadamente	ahimé	niestety	δυστυχώς
hémisphérique (adj) 12 C	hemispheric	hemisférico	emisferico	pólkulisty	ημισφαιρικός
héritage (nm) 5 C	inheritance	herencia	eredità	spadek	κληρονομιά
hésiter (v) 14 B	to hesitate	dudar	essere indeciso, esitare	wachać się	διστάζω
heure (nf) 4 B	time	hora	ora	godzina	ώρα
heureux (adj) 6 C	happy	feliz	felice	szczęśliwy	ευτυχής
heureusement (adv) 2 A	fortunately	afortunadamente	per fortuna	szczesliwie	ευτυχώς
hier (adv) 1B	yesterday	ayer	ieri	wczoraj	χθες
histoire (nf) 4 C	history	historia	storia	historia	ιστορία
hiver (nm) 9 B	winter	invierno	inverno	zima	χειμώνας
honnête (adj) 16 B	honest	honesto	onesto	uczciwy	τιμιος
hôpital (nm) 1 B	hospital	hospital	ospedale	szpital	νοσοκομείο
horaire (nm) 11 B	time schedule	horario	orario	rozkład zajęć	ωράριο
horreur (avoir - de) (v) 3 B	to hate	tener horror a	odiare	mieć wstręd do	απεχθάνομαι
hors-d'œuvre (nm) 14 A	starter (food)	entremés	antipasto	przystawka	πρώτο πιάτο/ ορντέβρ
huile (nf) 8 B	oil	aceite	olio	olej	λάδι
humanisme (nm) 17 A	humanism	humanismo	umanesimo	humanizm	ανθρωπισμός
humoriste (nm) 11 B	humorist	humorista	comico	humorysta	ευθυμογράφος
humour (nm) 16 B	humour	humor	humour	humor	χιούμορ
hygiène (nf) 18 B	hygiene	higiene	igiene	higiena	υγιεινή
hypermarché (nm) 10 A	hypermarket	hipermercado	ipermercato	supermarket	υπεραγορά
hypocrisie (nf) 17 B	hypocrisy	hipocresía	ipocrisia	obłuda	υποκρισία

I

FRANÇAIS	ANGLAIS	ESPAGNOL	ITALIEN	POLONAIS	GREC
ici (adv) 4 C	here	aquí	qui	tu, tutaj	εδώ
idéal (adj) 7 B	ideal	ideal	ideale	idealny	ιδανικός
idée (nf) 14 C	idea	idea	idea	pojęcie	ιδέα
identité (nf) 18 B	identity	identidad	identità	tożsamość	ταυτότητα
île (nf) 4 C	island	isla	isola	wyspa	νησί
il y a (v) 2 A	there is/are	hay	c'è/ci sono	jest, są	έχει
image (nf) 12 B	picture	imagen	immagine	obraz	εικόνα
imaginer (v) 9 A	to imagine	imaginar	immaginare	wyobrażać sobie	φαντάζομαι
immédiatement (adv) 18 A	immediately	inmediatamente	immediatamente	natychmiast	αμέσως
immense (adj) 14 A	immense	inmenso	immenso	olbrzymi	τεράστιος
immeuble (nm) 15 B	building	inmueble	palazzo	budynek	πολυκατοικία
immigration (nf) 4 C	immigration	inmigración	immigrazione	imigracja	μετανάστευση
imperméable (nm) 14 B	raincoat	impermeable	impermeabile	płaszcz nieprzemakalny	αδιάβροχο
importance (nf) 10 A	importance	importancia	importanza	ważność	σημασία
impossible (adj) 5 A	impossible	imposible	impossibile	niemożliwy	αδύνατον
impôt (nm) 8 A	tax	impuesto	tassa	podatek	φόρος
impression (nf) 12 C	impression	impresión	impressione	wrażenie	εντύπωση
imprimer (v) 10 A	to print	imprimir	stampare	drukować	εκτυπώνω
incapable (adj) 11 C	unable	incapaz	negato	niezdolny	ανίκανος
incendie (nm) 11 C	fire	incendio	incendio	pożar	πυρκαϊά
inconvénient (nm) 12 B	inconveniency	inconveniente	inconveniente	niedogodność	μειονέκτημα
indépendance (nf) 17 C	independence	independencia	indipendenza	niezależność	ανεξαρτησία
indicatif (nm) 10 C	code	prefijo	prefisso	numer kierunkowy	κωδικός
indifférent (adj) 7 B	indifferent	indiferente	indifferente	obojętny	αδιάφορος
indiquer (v) 8 B	to tell/to indicate	indicar	indicare	wskazujący	υποδεικνύω
individuel (adj) 12 B	individual	individual	individuale	osobisty	ατομικός
industrie (nf) 4 C	industry	industria	industria	przemysł	βιομηχανία
inégalité (nf) 17 B	inequality	desigualdad	ineguaglianza	nierówność	ανισότητα
infidélité (nf) 17 B	infidelity	infidelidad	infedeltà	niewierność	απιστία
infirmier (nm) 9 C	nurse	enfermero	infermiere	pielęgniarz	νοσοκόμος

115

FRANÇAIS	ANGLAIS	ESPAGNOL	ITALIEN	POLONAIS	GREC
influencer (v) 17 A	to influence	influenciar	influenzare	wpływać na	επηρεάζω
information (nf) 10 C	information	información	informazione	wiadomość	πληροφορία
informatique (nf) 3 C	data processing	informática	informatica	informatyka	πληροφορική
ingénieur (nm) 1 B	engineer	ingeniero	ingegnere	inżynier	μηχανικός
initier (s'-) (v) 18 B	to learn/to be introduced to something	iniciar(se)	iniziar (si)	wtajemniczać się	μυούμαι
inquiéter (s'-) (v) 12 B	to worry	preocupar(se)	preoccupar (si)	niepokoić się	ανησυχώ
insister (v) 18 B	to insist	insistir	insistere	nalegać	επιμένω
insonorisation (nf) 16 B	soundproofing	insonorización	isolamento acustico	izolowanie akustyczne	ηχομόνωση
installer (v) 10 A	to install	instalar	impiantare	instalować	εγκαθιστώ
institut (nm) 3 B	institute	instituto	istituto	instytut	ινστιτούτο
instituteur (nm) 9 C	primary school teacher	maestro	maestro elementare	nauczyciel	δάσκαλος
instrument (nm) 12 C	instrument	instrumento	strumento	instrument	εργαλείο
insupportable (adj) 4 C	unbearable	insoportable	insopportabile	nieznośny	ανυπόφορος
intégrer (v) 18 B	to integrate	integrar	integrare	integrować	ενσωματώνω
intellectuel (nm) 14 C	intellectual	intelectual	intellettuale	intelektualista	διανοούμενος
intelligent (adj) 7 B	intelligent	inteligente	intelligente	inteligentny	έξυπνος
intéressant (adj) 2 B	interesting	interesante	interessante	interesujący	ενδιαφέρον
intérêt (nm) 17 B	interest	interés	interesse	korzyść	ενδιαφέρον
intérieur (nm) 16 B	inside	interior	interno	wnętrze	εσωτερικό
interroger (v) 12 B	to question	interrogar	interrogare	pytać	ρωτώ, εξετάζω
intime (adj) 16 B	intimate	íntimo	intimo	wewnętrzny	προσωπικός
inventer (v) 12 C	to invent	inventar	inventare	wynaleźć	επινοώ
invitation (nf) 3 C	invitation	invitación	invito	zaproszenie	πρόσκληση
ironique (adj) 18 C	ironic	irónico	ironico	ironiczny	ειρωνικός

J

FRANÇAIS	ANGLAIS	ESPAGNOL	ITALIEN	POLONAIS	GREC
jaloux (adj) 14 B	jealous	celoso	geloso	zazdrosny	ζηλιάρης
jamais (ne -) (adv) 10 A	never	jamás	mai (non ... -)	nigdy (nie...-)	ποτέ
jambe (nf) 7 B	leg	pierna	gamba	noga	κνήμη
jambon (nm) 8 A	ham	jamón	prosciutto	szynka	ζαμπόν
jardin (nm) 12 C	garden	jardín	giardino	ogród	κήπος
jaune (adj) 8 C	yellow	amarillo	giallo	żółty	κίτρινος
jeu (nm) 3 B	game	juego	gioco	gra	παιχνίδι
jeune (nm) 10 B	young…/youth	joven	giovane	młodzieniec	νέος
joli (adj) 1 B	pretty	bonito	bello/carino	ładny	ωραίος
jouer (v) 3 B	to play	jugar	giocare	bawić się	παίζω
jour (nm) 1 B	day	día	giorno	dzień	ημέρα
journal (nm) 1 A	newspaper	periódico	giornale	dziennik	εφημερίδα
journée (nf) 4 B	day	día	giornata	dzień	ημέρα
joyeux (adj) 6 C	happy	feliz	buon	wesoły	χαρούμενος
jupe (nf) 14 B	skirt	falda	gonna	spódnica	φούστα
jurer (v) 13 A	to swear	jurar	giurare	przysięgać	ορκίζομαι
jus (nm) 2 B	juice	zumo	succo	sok	χυμός
jusqu'à (prép) 5 B	until	hasta	fino a	aż do	μέχρι
juste (adv) 4 A	just	justo	solo	celnie	μόνο

K

FRANÇAIS	ANGLAIS	ESPAGNOL	ITALIEN	POLONAIS	GREC
kilomètre (nm) 5 B	kilometre	kilómetro	chilometro	kilometr	χιλιόμετρο
klaxon (nm) 18 A	horn	claxon	clacson	klakson	κλάξον

L

FRANÇAIS	ANGLAIS	ESPAGNOL	ITALIEN	POLONAIS	GREC
là (adv) 5 B	there	ahí / allí	là	tam, tu	εκεί
là-bas (adv) 5 B	down there	allí	laggiù	tam	εκεί κάτω
là-haut (adv) 5 B	up there	allí arriba	lassù	(tam) na górze	εκεί ψηλά
lac (nm) 17 C	lake	lago	lago	jezioro	λίμνη
laid (adj) 7 B	ugly	feo	brutto	brzydki	άσχημος
laïque (adj) 13 B	secular	laico	laico	świecki	λαϊκός
lait (nm) 8 B	milk	leche	latte	mleko	γάλα
laine (nf) 14 B	wool	lana	lana	wełna	μαλλί
laisser (v) 8 B	to throw	dejar	lasciare	zostawiać	αφήνω
lame (nf) 16 B	blade	hoja de afeitar	lametta	ostrze	λάμα
lancer (v) 16 A	to leave	lanzar	lanciare	rzucać	πετώ
langouste (nf) 9 C	crayfish	langosta	aragosta	langusta	καραβίδα

FRANÇAIS	ANGLAIS	ESPAGNOL	ITALIEN	POLONAIS	GREC
langue (nf) 17 C	language	lengua	lingua	język	γλώσσα
large (adj) 14 B	large	ancho	largo	szeroki	φαρδύς
laver (se -) (v) 6 A	to wash oneself	lavar(se)	lavarsi	myć się	πλένομαι
léger (adj) 12 C	light	ligero	leggero	lekki	ελαφρός
légume (nm) 8 B	vegetable	legumbre	verdura	jarzyna	χορταρικό
lent (adj) 16 A	slow	lento	lento	powolny	αργός
lettre (nf) 10 A	letter	carta	lettera	list	γράμμα
lever (se-) (v) 6 A	to get up	levantar(se)	alzar(si)	podnosić się	σηκώνομαι
libéral (adj) 10 B	self-employed	liberal	liberale	liberalny	ελεύθερος
liberté (nf) 13 C	freedom	libertad	libertà	wolność	ελευθερία
libre (adj) 13 B	free/available	libre	libero	wolny	ελεύθερος
lieu (nm) 3 C	place	lugar	luogo	miejsce	τόπος
limiter (v) 11 B	to limit	limitar	limitare	ograniczać	περιορίζω
lire (v) 3 B	to read	leer	leggere	czytać	διαβάζω
lit (nm) 9 A	bed	cama	letto	łóżko	κρεβάτι
livre (nm) 1 A	book	libro	libro	książka	βιβλίο
local (adj) 11 C	local	local	locale	miejscowy	τοπικός
loger (se -) (v) 15 B	to find accomodation	alojar(se)	abitare	umieszczać się	βρίσκω σπίτι
logiciel (nm) 11 A	computer programme	programa	programma	program	λογισμικό
loi (nf) 13 C	law	ley	legge	prawo	νόμος
loisirs (nm pl) 3 B	leisure	ocio	divertimenti	wolne chwile	αναψυχή
long (adj) 7 B	long	largo	lungo	długi	μακρύς
longtemps (adv) 9 A	a long time	mucho tiempo	a lungo/per molto	długo	πολύς καιρός
louer (v) 15 B	to rent	alquilar	affittare	wynajmować	νοικιάζω
lourd (adj) 11 A	heavy	pesado	pesante	ciężki	βαρύς
loyauté (nf) 17 B	loyalty	lealtad	lealtà	lojalność	εντιμότητα
lune (nf) 8 C	moon	luna	luna	księżyc	φεγγάρι
lycée (nm) 4 B	secondary school	liceo	liceo	liceum	λύκειο

M

FRANÇAIS	ANGLAIS	ESPAGNOL	ITALIEN	POLONAIS	GREC
machine (nf) 12 C	machine	máquina	macchina	maszyna	μηχανή
madame (nf) 1 C	Mrs.	señora	signora	pani	κυρία
mademoiselle (nf) 1 B	Miss	señorita	signorina	panna	δεσποινίδα
magasin (nm) 4 C	shop	tienda	negozio	sklep	κατάστημα
magazine (nm) 11 C	magazine	revista	rivista	czasopismo	περιοδικό
magie (nf) 15 C	magic	magia	magia	magia	μαγεία
magnifique (adj) 5 A	magnificent	magnífico	magnifico	wspaniały	υπέροχος
maillot (de bain) (nm) 12 B	swimming suit	bañador	costume da bagno	kostium kąpielowy	μαγιό
main (nf) 7 B	hand	mano	mano	ręka	χέρι
maintenant (adv) 4 A	now	ahora	adesso	teraz	τώρα
maire (nm) 13 C	mayor	alcalde	sindaco	mer	δήμαρχος
mais (conj) 1 B	but	pero	ma	ale	αλλά
maison (nf) 4 C	house	casa	casa	dom	σπίτι
majeur (adj) 12 A	of (legal) age	mayor	maggiorenne	pełnoletni	ενήλικος
malade (adj) 11 B	sick	enfermo	malato	chory	άρρωστος
malaise (nm) 11 C	faintness	malestar	malore	zaniemóc	αδιαθεσία
maman (nf) 6 C	mum	mamá	mamma	mama	μαμά
manger (v) 8 A	to eat	comer	mangiare	jeść	τρώω
manière (nf) 12 C	manner	manera	modo	sposób	τρόπος
manifestation (nf) 15 A	demonstration	manifestación	manifestazione	manifestacja	διαδήλωση
mannequin (nm) 1 B	model	modelo	modello	modelka	μανεκέν
manquer (v) 12 A	to be missing/to miss	faltar	mancare	brakować	λείπω
manteau (nm) 14 B	coat	abrigo	cappotto	płaszcz	παλτό
maquillage (nm) 18 B	make-up	maquillaje	trucco	makijaż	μακιγιάζ
marche (nf) 3 A	walking	marcha	camminare	marsz	περπάτημα
marché (aux Puces) (nm) 2 B	flea market	rastro	mercato (delle Pulci)	rynek	παλιατζίδικα
mari (nm) 4 A	husband	marido	marito	mąż	σύζυγος
marier (se -) (v) 4 A	to get married	casar(se)	sposarsi	brać ślub, żenic się	παντρεύομαι
marque (nf) 12 C	mark/brand	marca	marca	marka	μάρκα
matériel (nm) 16 A	material	material	materiale	sprzęt	υλικό
matière (nf) 14 B	material	materia	materia	substancja	ύφασμα
matin (nm) 4 B	morning	mañana	mattina	poranek	πρωί

FRANÇAIS	ANGLAIS	ESPAGNOL	ITALIEN	POLONAIS	GREC
mauvais (adj) 2 B	bad	malo	cattivo	niedobry	άσχημος
méchant (adj) 7 B	nasty/wicked	malo	cattivo	zły	κακός
médecin (nm) 1 B	doctor	médico	medico	lekarz	γιατρός
médicament (nm) 11 C	medicine	medicamento	medicina	lekarstwo	φάρμακο
meilleur (adj) 13 C	better	mejor	migliore	lepszy	καλύτερος
mélanger (v) 14 C	to mix	mezclar	mischiare	mieszać	ανακατεύω
mélomane (nm) 16 B	music lover	melómano	melomane	meloman	μουσικόφιλος
même (adj) 7 A	same	mismo	stesso	ten sam	ίδιος
menthe (nf) 2 B	mint	menta	menta	mięta	σιρόπι μέντας
mensonge (nm) 15 A	lie	mentira	bugia	kłamstwo	ψέμα
mentir (v) 15 A	to lie	mentir	mentire	kłamać	λέω ψέματα
menu (nm) 8 B	menu	menú	menu	jadłospis	μενού
mer (nf) 3 B	sea	mar	mare	morze	θάλασσα
merci (int) 2 A	thank you	gracias	grazie	dziękuje	ευχαριστώ
mère (nf) 5 C	mother	madre	madre	matka	μητέρα
merveille (nf) 7 B	wonder	maravilla	meraviglia	cud	θαύμα
message (nm) 10 C	message	recado	messaggio	wiadomość	μήνυμα
mesure (nf) 10 B	measure	medida	misura	pomiar	μέτρο
métal (nm) 14 B	metal	metal	metallo	metal	μέταλλο
météo (nf) 9 B	weather forecast	meteorología	previsioni (tempo)	meteorologja	μετεωρολογικό δελτίο
métro (nm) 4 C	underground	metro	metropolitana	metro	μετρό
mettre (v) 14 C	to put	poner	mettere	wkładać	βάζω
meuble (nm) 15 B	piece of furniture	mueble	mobile	mebel	έπιπλο
midi (nm) 4 B	midday	mediodía	mezzogiorno	południe	μεσημέρι
mignon (adj) 13 A	cute	mono	carino	ładniutki	χαριτωμένος
milieu (au - de) (prép) 14 C	in the middle of	en medio de	a metà di	wśród	στη μέση
millier (nm) 7 A	thousand	miles	migliaio	tysiąc	χιλιάδα
million (nm) 9 B	million	millón	milione	milion	εκατομμύριο
minéral (adj) 14 A	mineral	mineral	minerale	mineralny	μεταλλικός
mince (adj) 7 B	thin	delgado	snello	szczupły	λεπτός
ministre (nm) 13 C	minister	ministro	ministro	minister	υπουργός
minute (nf) 11 B	minute	minuto	minuto	minuta	λεπτό
miroir (nm) 15 B	mirror	espejo	specchio	lustro	καθρέπτης
mobilité (nf) 17 A	mobility	mobilidad	mobilità	ruchliwość	κινητικότητα
mode (nf) 14 B	fashion	moda	moda	moda	μόδα
modèle (nm) 12 C	model	modelo	modello	model	μοντέλο
moderne (adj) 4 C	modern	moderno	moderno	nowoczesny	μοντέρνος
modeste (adj) 14 A	modest	modesto	modesto	skromny	μετριόφρονας
modification (nf) 13 C	modification	modificación	modifica	zmiana	αλλαγή
moins (adv) 16 A	less	menos	meno	mniej	λιγότερο από
moment (nm) 4 B	moment	momento	momento	chwila	στιγμή
monnaie (nf) 2 C	money	moneda	moneta	moneta	κέρμα
monsieur (nm) 1 C	Mr.	señor	signor(e)	pan	κύριος
montagne (nf) 3 B	mountain	montaña	montagna	góra	βουνό
monter (v) 9 A	to go up	subir	salire	wchodzić na (góre)	ανεβαίνω
montre (nf) 5 A	watch	reloj	orologio	zegarek	ρολόι
montrer (v) 7 B	to show	mostrar	mostrare	pokazywać	δείκνω
monument (nm) 6 C	monument	monumento	monumento	pomnik	μνημείο
morale (nf) 14 C	morality	mentalidad	morale	etyka	ηθική
mort (nm) 9 B	dead person	muerto	morto	śmierć	πεθαμένος
mot (nm) 16 C	word	palabra	parola	słowo	λέξη
moteur (nm) 12 C	engine	motor	motore	silnik	κινητήρας
mouillé (adj) 18 A	wet	mojado	bagnato	mokry	βρεγμένος
mourir (v) 11 C	to die	morir	morire	umierać	πεθαίνω
moustache (nm) 7 B	moustache	bigote	baffi	wąs	μουστάκι
moyen (adj) 5 C	average	medio	medio	średni	μέσος
Moyen Âge (nm) 17 A	Middle Ages	Edad Media	Medioevo	Średniowiecze	μεσαίωνας
municipal (adj) 13 C	municipal	municipal	municipale	gminny	δημοτικός
musée (nm) 1 A	museum	museo	museo	muzeum	μουσείο
musicien (nm) 1 B	musician	músico	musicista	muzyk	μουσικός
musique (nf) 3 A	music	música	musica	muzyka	μουσική
multimédia (adj) 12 C	multi-media	multimedia	multimedia	multimedialny	πολυμέσα

FRANÇAIS	ANGLAIS	ESPAGNOL	ITALIEN	POLONAIS	GREC
mystérieux (adj) 14 B	mysterious	misterioso	misterioso	tajemniczy	μυστηριώδης

N

FRANÇAIS	ANGLAIS	ESPAGNOL	ITALIEN	POLONAIS	GREC
naïf (adj) 18 C	naive	inocente	sprovveduto	naiwny	αφελής
naissance (nf) 1 B	birth	nacimiento	nascita	urodzenie	γέννηση
natation (nf) 3 B	swimming	natación	nuoto	pływanie	κολύμπι
nature (nf) 3 A	nature	naturaleza	natura	natura	φύση
nécessaire (adj) 11 B	necessary	necesario	necessario	niezbędny	απαραίτητος
neige (nf) 9 B	snow	nieve	neve	śnieg	χιόνι
neveu (nm) 5 C	nephew	sobrino	nipote	siostrzeniec/brataniec	ανηψιός
nez (nm) 7 B	nose	nariz	naso	nos	μύτη
nièce (nf) 5 C	niece	sobrina	nipote	siostrzenica/bratanica	ανηψιά
niveau (nm) 17 B	level	nivel	livello	poziom	επίπεδο
noir (adj) 7 B	black	negro	nero	czarny	μαύρος
nom (nm) 1 B	name	nombre	cognome	nazwa	όνομα
nommer (v) 13 C	to appoint	nombrar	nominare	nazywać	διορίζω
nombreux (adj) 10 C	numerous	numeroso	numerosi	liczny	πολυάριθμοι
normal (adj) 6 C	normal	normal	normale	normalny	φυσιολογικός
nourrir (v) 16 B	to feed	alimentar	nutrire	karmić	τρέφω
nouveau (adj) 1 A	new	nuevo	nuovo	nowy	καινούργιος
nouvelle (nf) 6 B	news	noticia	notizia	nowina	νέο
noyade (nf) 11 C	drowning accident	ahogamiento	annegamento	utopienie	πνιγμός
nu (adj) 14 B	bare	desnudo	nudo	nagi	γυμνός
nuage (nm) 9 B	cloud	nube	nuvola	chmura	σύννεφο
nucléaire (adj) 17 A	nuclear	nuclear	nucleare	nuklearny	πυρηνικός
nuit (nf) 4 B	night	noche	notte	noc	νύκτα
numéro (nm) 1 B	number	número	numero	numer	αριθμός
nymphéa (nm) 5 B	water lily	ninfea	ninfea	lilja wodna	νούφαρο

O

FRANÇAIS	ANGLAIS	ESPAGNOL	ITALIEN	POLONAIS	GREC
objectif (adj) 16 B	objective	objetivo	oggettivo	obiektywny	αντικειμενικός
objet (nm) 9 B	object	objeto	oggetto	przedmiot	αντικείμενο
obligatoire (adj) 5 C	obligatory	obligatorio	obbligatorio	obowiązkowy	υποχρεωτικός
observer (v) 10 B	to observe	observar	osservare	obserwować	παρακολουθώ
occuper (v) 4 B	to occupy	ocupar	occupare	zajmować	απασχολώ
occuper (s'-) (v) 6 A	to look after	ocupar(se)	occupar (si)	zajmować się	ασχολούμαι
océan (nm) 7 B	ocean	océano	oceano	ocean	ωκεανός
œil (nm) 7 B	eye	ojo	occhio	oko	μάτι
œuf (nm) 6 C	egg	huevo	uovo	jajko	αυγό
œuvre (nf) 13 B	work (of art)	obra	opera	dzieło	έργο
oiseau (nm) 6 C	bird	pájaro	uccello	ptak	πουλί
office de tourisme (nm) 10 C	tourist office	oficina de turismo	ente del turismo	biuro turystyczne informacyjne	οργανισμός τουρισμού
officiel (adj) 17 C	official	oficial	ufficiale	oficjalny	επίσημος
offrir (v) 6 C	to offer	regalar	regalare/offrire	ofiarować	προσφέρω
ombre (nf) 15 C	shadow	sombra	ombra	cień	σκιά
oncle (nm) 5 C	uncle	tío	zio	wuj	θείος
opéra (nm) 3 C	opera	ópera	opera	opera	όπερα
opération (nf) 10 A	campaign	operación	operazione	operacja	εκστρατεία
opinion (nf) 15 A	opinion	opinión	opinione	opinia	γνώμη
opposer (s'-) (v) 13 C	to oppose	oponer(se)	oppor(si)	przeciwstawiać się	είμαι αντίθετος
or (nm) 14 B	gold	oro	oro	złoto	χρυσάφι
orage (nm) 9 B	storm	tormenta	temporale	burza	καταιγίδα
orange (nf) 2 B	orange	naranja	arancia	pomarańcza	πορτοκάλι
orchestre (nm) 6 C	orchestra	orquesta	orchestra	orkiestra	ορχήστρα
ordinateur (nm) 10 A	computer	ordenador	computer	komputer	υπολογιστής
ordre (nm) 12 A	order	orden	ordine	rozkaz	διαταγή
oreille (nf) 7 B	ear	oreja	orecchio	ucho	αυτί
organiser (v) 7 B	to organize	organizar	organizzare	organizować	οργανώνω
orgueilleux (adj) 18 B	proud	orgulloso	orgoglioso	dumny	αλαζονικός
original (adj) 14 A	original	original	originale	oryginalny	πρωτότυπος
oser (v) 18 A	to dare	atreverse	osare	odważyć się	τολμώ
où (adv) 3 A	where	donde	dove	gdzie	πού
oublier (v) 6C	to forget	olvidar	dimenticar(si)	zapominać	ξεχνώ

FRANÇAIS	ANGLAIS	ESPAGNOL	ITALIEN	POLONAIS	GREC
ouvrier (nm) 6 C	worker	obrero	operaio	robotnik	εργάτης
ouvrir (v) 4 B	to open	abrir	aprire	otwierać	ανοίγω

P

FRANÇAIS	ANGLAIS	ESPAGNOL	ITALIEN	POLONAIS	GREC
pain (nm) 8 B	bread	pan	pane	chleb	ψωμί
paix (nf) 16 B	peace	paz	pace	pokój	ειρήνη
panne (nf) 9 A	breakdown	avería	guasto	awaria	βλάβη
panneau (nm) 11 B	signpost	señal	cartello	blat (nm)	πινακίδα
pantalon (nm) 14 B	trousers	pantalón	pantalone	spodnie	παντελόνι
papa (nm) 5 B	dad	papá	papà	tata	μπαμπάς
paquet (nm) 11 C	packet	paquete	pacchetto	paczka	πακέτο
paradis (nm) 15 C	paradise	paraíso	paradiso	raj	παράδεισος
parc (nm) 12 C	park	parque	parco	park	πάρκο
parce que (conj) 6 B	because	porque	perché	dlatego że	γιατί
pardon (int) 2 B	sorry	perdon	scusi/prego	przepraszam	συγγνώμη
pareil (adj) 9 C	similar	igual	uguale	podobny	ίδιος
paresseux (adj) 6 A	lazy	perezoso	pigro	leniwy	τεμπέλης
parfait (adj) 11 A	perfect	perfecto	perfetto	doskonały	τέλειος
parier (v) 13 A	to bet	apostar	scommettere	zakładać się	στοιχηματίζω
parking (nm) 5 B	car park	aparcamiento	parcheggio	parking	πάρκινγκ
parler (v) 1 A	to speak	hablar	parlare	mówić	μιλώ
partager (v) 2 C	to share	compartir	dividere	dzielić	μοιράζομαι
partenaire (nm) 12 B	partner	interlocutor	interlocutore	partner	εταίρος
participer (v) 15 A	to participate	participar	partecipare	uczestniczyć	συμμετέχω
particularité (nf) 9 A	characteristic/feature	particularidad	particolarità	szczególność	ιδιαιτερότητα
partir (v) 4 A	to leave	partir/salir	partire	jechać	φεύγω
passé (nm) 16 B	past	pasado	passato	przeszłość	παρελθόν
passer (v) 5 C	to spend	pasar	passare	przejść	περνώ
passionnant (adj) 18 A	fascinating	apasionante	appassionante	pasjonujący	πολύ ενδιαφέρον
pâtes (nf pl) 8 B	pasta	pastas	pasta	makaron	ζυμαρικά
patron (nm) 8 A	owner	dueño	capo/proprietario	szef	εστιάτορας
pauvre (adj) 17 A	poor	pobre	povero	biedny	φτωχός
payer (v) 2 C	to pay	pagar	pagare	płacić	πληρώνω
pays (nm) 10 A	country	país	paese	kraj	χώρα
paysan (nm) 14 C	countryman/peasant	campesino	contadino	wieśniak	αγρότης
peine (nf) 13 C	punishment	pena	pena	kara	ποινή
peintre (nm) 5 B	painter	pintor	pittore	malarz	ζωγράφος
pendant (prép) 7 C	for	durante	per/durante	podczas gdy	επί
penser (v) 6 C	to think	pensar	pensare	myśleć	σκέπτομαι
perdre (v) 5 A	to lose	perder	perdere	zgubić	χάνω
père (nm) 5 B	father	padre	padre	ojciec	πατέρας
performant (adj) 14 A	efficient	eficaz	competitivo	sprawny	αποδοτικός
permettre (v) 11 B	to allow	permitir	permettere	pozwalać	επιτρέπω
personnage (nm) 11 B	character	personaje	personaggio	osoba	πρωταγωνιστής
personnalité (nf) 14 C	personality	personalidad	personalità	osobowość	προσωπικότητα
personne (nf) 11 B	person	persona	persona	nikt	άτομο
personnel (nm) 10 B	staff	plantilla	personale	pracownicy	προσωπικό
personnel (adj) 11 B	personal	personal	personale	osobisty	ατομικός
petit (adj) 2 B	small	pequeño	piccolo	mały	μικρός
petit-déjeuner (nm) 4 A	breakfast	desayuno	(prima) colazione	śniadanie	πρωινό
peu (adv) 9 C	few	poco	poco	niewiele	λίγο
peuple (nm) 13 C	people	pueblo	popolo	lud	λαός
peur (nf) 16 B	fear	miedo	paura	lęk	φόβος
peur (avoir) (v) 12 C	to be scared of	tener miedo	avere paura	bać się	φοβάμαι
peut-être (adv) 6 B	perhaps/maybe	quizás	forse	być może	ίσως
pharmacien (nm) 11 C	chemist	farmacéutico	farmacia	aptekarz	φαρμακοποιός
philosophie (nf) 14 C	philosophy	filosofía	filosofia	filozofia	φιλοσοφία
pièce (de théâtre) (nf) 2 A	play	obra (de teatro)	commedia	sztuka	θεατρικό έργο
pièce (de monnaie) (nf) 2 A	coin	moneda	moneta	moneta	νόμισμα
pied (nm) 7 B	foot	pie	piede	noga	πόδι
pierre (nf) 15 C	stone	piedra	pietra	kamień	πέτρα
pilule (nf) 16 B	pill	píldora	pillola	pigułka	χάπι

FRANÇAIS	ANGLAIS	ESPAGNOL	ITALIEN	POLONAIS	GREC
pilote (nm) 1 A	pilot	piloto	pilota	pilot	πιλότος
pipe (nf) 14 B	pipe	pipa	pipa	fajka	πίπα
piscine (nf) 3 B	swimming pool	piscina	piscina	basen	πισίνα
place (nf) 1 A	place	plaza	piazza	plac	θέση
placer (v) 18 A	to place	colocar	mettere	umieszczać	τοποθετώ
plage (nf) 8 C	beach	playa	spiaggia	plaża	παραλία
plaisanter (v) 14 B	to joke	bromear	scherzare	żartować	αστειεύομαι
plaque (de voiture) (nf) 13 C	registration plate	matrícula	targa	rejestracyjna	πινακίδα
plaire (v) 14 A	to please	gustar	piacere	podobać się	αρέσω
plaisir (nm) 18 B	pleasure	placer	piacere	przyjemność	ευχαρίστηση
plan (nm) 13 C	plan	plan	piano	plan	σχέδιο
plantation (nf) 17 C	plantation	plantación	piantagione	plantacja	φυτεία
plat (nm) 8 B	dish	plato	piatto	danie	φαγητό
plein (adj) 13 A	full	lleno	pieno	pełny	γεμάτος
pleurer (v) 15 A	to cry	llorar	piangere	płakać	κλαίω
pleuvoir (v) 9 B	to rain	llover	piovere	padać (o deszczu)	βρέχει
pluie (nf) 9 B	rain	lluvia	pioggia	deszcz	βροχή
plutôt (adv) 13 A	rather	más bien	piuttosto	raczej	μάλλον
poétique (adj) 15 C	poetic	poetíco	poetico	poetyczny	ποιητικός
poids (nm) 16 A	weight	peso	peso	waga	βάρος
point (nm) 16 B	point	punto	punto	punkt	σημείο
point-accueil (nm) 10 A	information terminal	punto de información	punto-informazione	punkt recepcji	σημείο-υποδοχής
pointure (nf) 14 B	shoe size	medida	numero di scarpe	miara	νούμερο παπουτσιών
poire (nf) 8 B	pear	pera	pera	gruszka	αχλάδι
pois (nm) 8 B	pea	guisante	pisello	groch	μπιζέλι
poisson (nm) 8 B	fish	pescado	pesce	ryba	ψάρι
poivre (nm) 8 B	pepper	pimienta	pepe	pieprz	πιπέρι
police (nf) 11 C	police	policía	polizia	policja	αστυνομία
politique (nf) 13 A	politics	política	politica	polityka	πολιτική
polluant (adj) 12 C	polluting	contaminante	inquinante	zanieczyszczajacy	ρυπαίνω το περιβάλλον
pomme (nf) 8 B	apple	manzana	mela	jabłko	μήλο
pomme de terre (nf) 8 B	potato	patata	patata	ziemniak	πατάτα
pompier (nm) 11 C	fireman	bombero	pompiere	strażak	πυροσβέστης
population (nf) 10 B	population	población	popolazione	ludność	πληθυσμός
porc (nm) 8 B	pork	cerdo	maiale	wieprz owina	χοιρινό
port (nm) 4 C	port	puerto	porto	port	λιμάνι
porte (nf) 4 C	door	puerta	porta	drzwi	πόρτα
portefeuille (nm) 12 B	wallet	cartera	portafoglio	portfel	πορτοφόλι
porter (v) 14 A	to wear	llevar	portare	nieść	φορώ
portrait (nm) 14 C	portrait	retrato	ritratto	portret	πορτρέτο
possible (adj) 6 B	possible	posible	possibile	możliwy	δυνατό
poste (nf) 4 C	position (job)	puesto	posto/lavoro	poczta	θέση
poubelle (nf) 15 B	rubbish bin	basura	bidone del rusco	pudło na śmieci	σκουπιδοτενεκές
poulet (nm) 8 A	chicken	pollo	pollo	kurczę	κατόπουλο
pour (prép) 2 C	for	por	per	dla	για
pourquoi (adv) 6 B	why	por qué	perché	dlaczego	γιατί
pouvoir (v) 3 B	to be able to	poder	potere	moc	μπορώ
pratique (adj) 10 C	practical	práctico	pratico	praktyczny	πρακτικός
précis (adj) 16 B	precise	preciso	preciso	dokładny	ακριβής
préfecture (nf) 5 A	prefecture	prefectura/jefatura	prefettura	prefektura	νομαρχεία
préférer (v) 3 B	to prefer	preferir	preferire	woleć	προτιμώ
premier (adj) 5 B	first	primero	primo	pierwszy	πρώτος
prendre (v) 5 B	to take	coger	prendere	wziąć	παίρνω
prénom (nm) 1 B	first name	nombre	nome	imię	όνομα
préparer (v) 6 B	to get ready	preparar	preparare	przygotowywać	ετοιμάζω
présenter (v) 12 C	to present	presentar	presentare	przedstawiać	παρουσιάζω
préserver (v) 17 A	to preserve	preservar	preservare	chronić	διαφυλάσσω
président (nm) 13 C	president	presidente	presidente	prezydent	πρόεδρος
pressé (adj) 6 A	in a hurry	presuroso	di fretta	spieszący się	βιαστικός
prestigieux (adj) 16 A	prestigious	prestigioso	prestigioso	fascynujący	πολύτιμη

121

FRANÇAIS	ANGLAIS	ESPAGNOL	ITALIEN	POLONAIS	GREC
prêter (v) 12 B	to lend	prestar	prestare	pożyczać	διανείζω
principal (adj) 13 C	main	principal	principale	główny	πρωταρχικός
printemps (nm) 9 B	spring	primavera	primavera	wiosna	άνοιξη
privé (adj) 13 B	private	privado	privato	prywatny	ιδιωτικός
prix (nm) 2 C	price	precio	prezzo	cena	τιμή
problème (nm) 10 C	problem	problema	problema	problem	πρόβλημα
prochain (adj) 13 A	next	próximo	prossimo	przyszły	του χρόνου
proche (adj) 16 A	near/close	cerca	vicino	bliski	κοντινός
produit (nm) 10 A	product	producto	prodotto	produkt	προϊόν
professeur (nm) 1 B	teacher/professor	profesor	professore	profesor	καθηγητής
profession (nf) 1 B	profession	profesión	professione	zawód	επάγγελμα
projet (nm) 6 C	project	proyecto	progetto	projekt	σχέδιο
promener (se-) (v) 6 A	to go for a walk	pasear(se)	fare un giro	spacerować	κάνω βόλτα
promettre (v) 18 B	to promise	prometer	promettere	obiecywać	υπόσχομαι
promotion (nf) 10 C	special offer	promoción	offerta speciale	promocja	προσφορά
prononcer (v) 18 A	to pronounce	pronunciar	pronunciare	wymawiać	προφέρω
proposer (v) 12 B	to propose	proponer	offrire/proporre	proponować	προτείνω
propre (adj) 12 C	clean	limpio	pulito	czysty	καθαρός
province (nf) 10 C	province	provincia	provincia	prowincja	επαρχία
proximité (nf) 17 B	proximity	proximidad	vicinanze	bliskość	εγγύτητα
psychologue (nm) 11 C	psychologist	psicólogo	psicologo	psycholog	ψυχολόγος
public (adj) 10 C	public	público	pubblico	publiczny	δημόσιος
publicité (nf) 10 A	advertising	publicidad	pubblicità	reklama	διαφήμιση
puis (adv) 9 A	then	después	poi	potem	έπειτα
pull-over (nm) 14 B	pullover	jersey	maglione	sweter	πουλόβερ

Q

FRANÇAIS	ANGLAIS	ESPAGNOL	ITALIEN	POLONAIS	GREC
qualifié (adj) 9 C	skilled/qualified	cualificado	qualificato	wykwalifikowany	ειδικευμένος
qualité (nf) 6 B	quality	cualidad	qualità	jakość	ποιότητα
quand (adv) 3 A	when	cuando	quando	kiedy	πότε
quantité (nf) 9 C	quantity	cantidad	quantità	ilość	ποσότητα
quartier (nm) 4 C	quarter (district)	barrio	quartiere	dzielnica	συνοικία
quelque chose (pron) 8 A	something	algo	qualcosa	coś	κάτι
quelquefois (adv) 10 A	sometimes	a veces	qualche volta	niekiedy	κάποτε
quelqu'un (pron) 8 A	someone	alguien	qualcuno	ktoś	κάποιος
question (nf) 4 A	question	pregunta	domanda	pytanie	ερώτηση
quitter (v) 6 B	to leave	dejar	lasciare	opuszczać	εγκαταλείπω
quotidien (nm) 16 C	daily newspaper	periódico	quotidiano	dziennik	εφημερίδα

R

FRANÇAIS	ANGLAIS	ESPAGNOL	ITALIEN	POLONAIS	GREC
raconter (v) 5 C	to tell (a story)	contar	raccontare	opowiadać	διηγούμαι
radio (nf) 3 B	radio	radio	radio	radio	ραδιόφωνο
raisin (nm) 8 B	grape	uva	uva	winogrona	σταφύλι
raison (avoir-) (v) 6 B	to be right	tener razón	avere ragione	mieć rację	έχω δίκιο
ranger (v) 6 B	to tidy	ordenar	mettere in ordine	porządkować	τακτοποιώ
rapide (adj) 16 A	quick	rápido	veloce	szybki	γρήγορος
rappeler (v) 6 A	to call back	volver a llamar	richiamare	przypominać	ξανατηλεφωνώ
rappeler (se-) (v) 6 C	to remember	recordar	ricordar (si)	przypominać sobie	θυμάμαι
raser (v) 16 B	to shave	afeitar	rader (si)	golić	ξυρίζω
rassurer (se-) (v) 12 B	to reassure	tranquilizar(se)	non preoccupar (si)	uspakajać się	καθησυχάζω
réaliser (v) 12 C	to create/to produce	realizar	realizzare	realizować	πραγματοποιώ
réalité (nf) 12 C	reality	realidad	realtà	rzeczywistość	πραγματικότητα
recevoir (v) 12 B	to receive	recibir	ricevere	przyjmować	δέχομαι
recherche (nf) 10 B	research	investigación	ricerca	poszukiwanie	έρευνα
réclamer (v) 13 C	to demand	reclamar	reclamare/rivendicare	domagać się	απαιτώ
recommander (v) 18 B	to recommend	recomendar	raccomandare	polecać	συστήνω
réfléchir (v) 14 A	to think about	reflexionar	pensare	zastanawiać się	σκέφτομαι
réfrigérateur (nm) 15 B	fridge	nevera	frigorifero	lodówka	ψυγείο
refuge (nm) 15 C	refuge	refugio	rifugio	schronisko	καταφύγιο
regarder (v) 2 B	to look	mirar	guardare	patrzyć	κοιτάζω
régime (nm) 3 B	diet	régimen	dieta	dieta	δίαιτα
région (nf) 4 C	region	región	regione	okolica	περιοχή
règlement (nm) 11 B	regulation	reglamento	regolamento	regulamin	κανονισμός

FRANÇAIS	ANGLAIS	ESPAGNOL	ITALIEN	POLONAIS	GREC
remercier (v) 12 A	to thank	agradecer	ringraziare	dziękować	ευχαριστώ
rencontrer (v) 3 C	to meet	encontrar	incontrare	spotykać	συναντώ
rendez-vous (nm) 10 C	meeting	cita	appuntamento	spotkanie	ραντεβού
rendre (v) 12 B	to give back	devolver	restituire	zwracać	επιστρέφω
rénover (v) 15 B	to renovate	renovar	rinnovare	odnawiać	ανακαινίζω
renseigner (v) 10 C	to inform	informar	informare	informować	πληροφορώ
réparer (v) 9 A	to repare	reparar	riparare	naprawiać	επιδιορθώνω
repas (nm) 2 C	meal	comida	pasto	posiłek	γεύμα
répéter (v) 18 A	to repeat	repetir	ripetere	powtarzać	επαναλαμβάνω
répondre (v) 3 A	to answer	responder	rispondere	odpowiadać	απαντώ
reposer (se-) (v) 6 B	to rest	descansar	riposar(si)	wypoczywać	αναπαύομαι
réputation (nf) 15 C	reputation	reputación	reputazione	reputacja	φήμη
réserver (v) 10 C	to reserve	reservar	prenotare	rezerwować	κλείνω θέση
résistance (nf) 14 C	resistance	resistencia	resistenza	opór	αντίσταση
résoudre (v) 17 A	to resolve	resolver	risolvere	rozwiązać	λύνω
respecter (v) 11 B	to respect	respetar	rispettare	szanować	τηρώ
responsable (nm) 10 B	person in charge (of)	responsable	responsabile	odpowiedzialny	υπεύθυνος
ressembler (v) 9 C	to look like	parecer	somigliare	być podobnym	μοιάζω
restauration (nf) 9 B	renovation	restauración	restauro	restauracja	ανακαίνιση
restaurant (nm) 4 C	restaurant	restaurante	ristorante	restauracja	εστιατόριο
rester (v) 6 B	to stay	quedar	rimanere	pozostawać	παραμένω
restructuration (nf) 13 C	restructuring	restructuración	ristrutturazione	restrukturacja	αναδιοργάνωση
résultat (nm) 16 A	result	resultado	risultato	wynik	αποτέλεσμα
résumé (nm) 10 C	summary	resumen	riassunto	streszczenie	περίληψη
retard (nm) 4 B	delay/late	retraso	ritardo	opóźnienie	καθυστέρηση
retouche (nf) 18 B	alteration	retoque	ritocco	poprawka	επιδιόρθωση
retour (nm) 10 C	return	vuelta	ritorno	powrót	επιστροφή
retourner (v) 6 B	to go back	volver	ritornare	powracać	επιστρέφω
réunion (nf) 10 C	meeting	reunión	riunione	zebranie	σύσκεψη
réussir (à un examen) (v) 11 B	to pass an exam	tener éxito en	superare	zdać egzamin	επιτυγχάνω
revanche (en-) (adv) 14 A	on the other hand	en cambio	in compenso	w przeciwieństwie	αντίθετα
réveiller (se-) (v) 6 A	to wake up	despertar(se)	svegliar (si)	budzić się	ξυπνώ
revenir (v) 6 B	to come back	volver	ritornare	powracać	επανέρχομαι
rêve (nm) 11 A	dream	sueño	sogno	sen	όνειρο
révolter (se-) (v) 13 A	to rebel	rebelar(se)	rivoltar (si)	buntować się	επαναστατώ
révolution (nf) 14 C	revolution	revolución	rivoluzione	rewolucja	επανάσταση
rez-de-chaussée (nm) 15 B	ground floor	planta baja	piano terra	parter	ισόγειο
riche (adj) 4 A	rich	rico	ricco	bogaty	πλούσιος
rien (pron) 8 A	nothing	nada	niente	nic	τίποτα
rire (v) 7 B	to laugh	reir	ridere	śmiać się	γελώ
rivière (nf) 8 C	river	río	fiume	rzeka	ποτάμι
riz (nm) 8 B	rice	arroz	riso	ryż	ρύζι
robe (nf) 14 A	dress	vestido	vestito	suknia	φουστάνι
rocher (nm) 8 C	rock	roca	scoglio	skata	βράχος
roi (nm) 5 C	king	rey	re	król	βασιλιάς
romancier (nm) 16 B	novelist	novelista	scrittore	powieściopisarz	μυθιστοριογράφος
romain (adj) 14 C	roman	romano	romano	rzymski	ρομανικός
romantique (adj) 7 B	romantic	romántico	romantico	romantyczny	ρομαντικός
rond (adj) 7 B	round	redondo	rotondo	okrągły	στρογγυλός
rôti (nm) 8 A	roast	asado	arrosto	pieczeń	ψητό
rouge (adj) 7 B	red	rojo	rosso	czerwony	κόκκινος
rue (nf) 1 A	street	calle	via	ulica	οδός

S

FRANÇAIS	ANGLAIS	ESPAGNOL	ITALIEN	POLONAIS	GREC
saison (nf) 9 B	season	estación	stagione	pora roku	εποχή
salade (nf) 8 B	lettuce/salad	ensalada	insalata	sałata	μαρούλι
salaire (nm) 9 C	wages	salario	stipendio	płaca	μισθός
sale (adj) 12 C	dirty	sucio	sporco	brudny	βρώμικος
salle (de sport) (nf) 3 B	gymnasium	gimnasio	palestra	sala	αίθουσα
salon (nm) 3 A	fair	salón	fiera	salon	σαλόνι

FRANÇAIS	ANGLAIS	ESPAGNOL	ITALIEN	POLONAIS	GREC
salut (int) 1 C	hello	hola	ciao	cześć	γεια χαρά!
santé (nf) 3 A	health	salud	salute	zdrowie	υγεία
sans (prép) 7 A	without	sin	senza	bez	χωρίς
sardine (nf) 8 A	sardine	sardina	sardina	sardynka	σαρδέλα
saucisse (nf) 18 A	sausage	salchicha	salciccia	kiełbasa	λουκάνικο
sauf (prép) 13 A	except	salvo	meno	oprócz	εκτός
sauter (v) 16 A	to jump	saltar	saltare	skakać	πηδώ
sauvage (adj) 17 C	wild	salvaje	selvaggio	dziki	άγριος
savon (nm) 16 B	soap	jabón	sapone	mydło	σαπούνι
scénario (nm) 18 A	scenario	guión	sceneggiatura	scenariusz	σενάριο
science (nf) 13 B	science	ciencia	scienza	nauka	επιστήμη
secours (nm) 11 C	help	socorro	soccorso	pomoc	βοήθεια
secret (adj) 14 B	secret	secreto	segreto	tajemniczy	μυστικός
secrétaire (nm/nf) 1 B	secretary	secretario/a	segretario/a	sekretarz/sekretarka	γραμματέας
secteur (nm) 12 C	sector	sector	settore	sektor	τομέας
sécurité (nf) 11 C	security	seguridad	sicurezza	bezpieczeństwo	ασφάλεια
séduire (v) 16 B	to seduce	seducir	sedurre	uwodzić	γοητεύω
séduisant (adj) 14 B	charming	seductor	seducente	pociągający	γοητευτικός
sel (nm) 8 B	salt	sal	sale	sól	αλάτι
sélection (nf) 15 A	selection	selección	selezione	wybór	επιλογή
selon (prép) 6 C	according to	según	a seconda di	według	ανάλογα
sembler (v) 15 A	to seem	parecer	sembrare	wydawać (zdawać) się	είμαι της γνώμης
sénateur (nm) 13 C	senator	senador	senatore	senator	γερουσιαστής
sentir (se-) (v) 11 C	to feel	sentir(se)	sentir (si)	czuć się	αισθάνομαι
séparation (nf) 16 C	separation	separación	separazione	rozstanie	χωρισμός
sérieusement (adv) 11 A	seriously	seriamente	seriamente	poważnie	σοβαρά
servir (v) 8 B	to wait on	servir	servire	służyć	σερβίρω
seul (adj) 6 C	single/alone	solo	solo	sam	μόνος
seulement (adv) 11 C	only	solamente	solo	tylko	μόνο
si (conj) 12 B	if	si	se	jeżeli	εάν
sida (nm) 11 C	AIDS	sida	AIDS	AIDS	έητζ
siècle (nm) 4 C	century	siglo	secolo	wiek	αιώνας
siège (nm) 12 C	seat	butaca	poltrona	siedzenie	κάθισμα
signature (nf) 16 A	signature	firma	firma	podpis	υπογραφή
signifier (v) 17C	to signify/to mean	significar	significare	oznaczać	σημαίνω
simple (adj) 6 C	simple	sencillo	semplice	prosty	απλός
situer (v) 4 C	to situate	situar	situare	umiejscowić	εντοπίζω
ski (nm) 3 B	ski	esquí	sci	narta	σκι
slip (nm) 14 B	underpants	calzoncillo	mutande	slipy	σλιπ
slogan (nm) 18 A	slogan	eslogán	slogan	slogan	σλόγκαν
société (nf) 4 A	company	sociedad	società	społeczeństwo	εταιρία
sœur (nf) 5 C	sister	hermana	sorella	siostra	αδερφή
soie (nf) 14 B	silk	seda	seta	jedwab	μετάξι
soif (nf) 8 B	thirst	sed	sete	pragnienie	δίψα
soir (nm) 4 B	evening	noche	sera	wieczór	βράδυ
soleil (nm) 5 A	sun	sol	sole	słońce	ήλιος
solidarité (nf) 17 B	solidarity	solidaridad	solidarietà	solidarność	αλληλεγγύη
solitaire (adj) 15 C	solitary	solitario	solitario	samotny	μοναχικός
solution (nf) 10 B	solution	solución	soluzione	rozwiązanie	λύση
sombre (adj) 15 B	dark	oscuro	buio	ciemny	σκοτεινός
sondage (nm) 14 A	survey (of opinion)	sondeo	sondaggio	sondaż	δημοσκόπηση
sonner (v) 18 B	to ring	llamar	suonare/squillare	dzwonić	χτυπάω
sortir (v) 4 A	to go out	salir	uscire	wyjść	βγαίνω
souffle (nm) 12 C	breath	soplo	soffio	oddech	ανάσα
souhaiter (v) 6 C	to wish	desear	augurare	życzyć	εύχομαι
sourd (adj) 11 A	deaf	sordo	sordo	głuchy	κουφός
sourire (v) 5 C	to smile	sonreir	sorridere	uśmiechać się	χαμογελώ
sous (prép) 5 B	under	debajo de	sotto	pod	κάτω από
soutien-gorge (nm) 14 B	bra	sostén	reggiseno	biustonosz	σουτιέν
souvenir (nm) 2 A	memory	recuerdo	ricordo	wspomnienie	ανάμνηση
souvent (adv) 6 C	often	a menudo	spesso	często	συχνά
spacieux (adj) 15 B	spacious	espacioso	spazioso	obszerny	ευρύχωρος
spécialisation (nf) 13 B	specialization	especialización	indirizzo	specjalizacja	εξειδίκευση

124

FRANÇAIS	ANGLAIS	ESPAGNOL	ITALIEN	POLONAIS	GREC
spécialité (nf) 4 A	speciality	especialidad	specializzazione	specjalność	ειδικότητα
spectacle (nm) 3 C	show	espectáculo	spettacolo	przedstawienie	θέαμα
spontané (adj) 18 C	spontaneous	espontáneo	spontaneo	spontaniczny	αυθόρμητος
stage (nm) 3 A	training course	cursillo/« stage »	« stage »	staż	φειρά μαθημάτων
stable (adj) 10 B	stable	estable	stabile	stały	σταθερός
star (nf) 14 C	star	estrella	star	gwiazda	σταρ
stationner (v) 11 B	to park	aparcar	stazionare/parcheggiare	parkować się	σταθμεύω
steak (nm) 8 A	steak	bifteak	bistecca	befsztyk	μπιφτέκι
studio (nm) 9 C	one-roomed flat	estudio	monolocale	pracownia	στούντιο/γκαρσονιέρα
stupide (adj) 7 B	stupid	estúpido	stupido	głupi	ηλίθιος
style (nm) 14 A	style	estilo	stile	styl	στυλ
styliste (nm) 13 A	designer	estilista	stilista	stylista	στυλίστας
succès (nm) 11 C	success	éxito	successo	sukces	επιτυχία
sucre (nm) 8 B	sugar	azúcar	zucchero	cukier	ζάχαρη
suffire (v) 14 C	to be sufficient	bastar	bastare	wystarczać	αρκώ
sujet (nm) 3 C	subject	tema	argomento	temat	θέμα
suivre (v) 5 B	to follow	seguir	seguire	isć za	ακολουθώ
supporter (v) 9 A	to bear	soportar	sopportare	znieść	υποφέρω
supposer (v) 12 A	to suppose	suponer	supporre	przypuszczać	υποθέτω
suppression (nf) 13 C	suppression	supresión	soppressione	zniesienie	κατάργηση
sur (prép) 5 B	on	sobre	su	na	πάνω απο
sûr (adj) 6 B	sure	seguro	sicuro	pewny	βέβαιος
surface (nf) 17 C	surface	superficie	superfice	powierzchnia	επιφάνεια
surprise (nf) 6 C	surprise	sorpresa	sorpresa	niespodzianka	έκπληξη
surveiller (v) 17 A	to supervise	vigilar	sorvegliare	nadzorować	παρακολουθώ
symbolique (adj) 14 C	symbolic	simbólico	simbolico	symboliczny	συμβολικός
symétrique (adj) 14 C	symmetrical	simétrico	simmetrico	symetryczny	συμμετρικός
sympathique (adj) 3 A	likeable/nice	simpático	simpatico	sympatyczny	συμπαθητικός
système (nf) 13 B	system	sistema	sistema	system	σύστημα

T

FRANÇAIS	ANGLAIS	ESPAGNOL	ITALIEN	POLONAIS	GREC
table (nf) 8 B	table	mesa	tavola	stół	τραπέζι
tag (nm) 15 A	tag	pintada	graffito	graffiti ścienne	γκράφιτι
taille (nf) 7 B	size	talla	taglia	wzrost	νούμερο
tant mieux (adv) 15 B	all the better	mejor	tanto meglio	tym lepiej	τόσο το καλύτερο
tant pis (adv) 15 B	never mind	peor	peccato	tym gorzej	τόσο το χειρότερο
tante (nf) 5 C	aunt	tía	zia	ciotka	θεία
taper (v) 10 A	to type	escribir a máquina	battere a macchina	uderzać	πληκτρολογώ
tapis (nm) 12 C	carpet	tapiz	tappeto	dywan	χαλί
tarte (nf) 8 B	tart	tarta	torta	tort	τάρτα
tasse (nf) 8 B	cup	tasa	tazza	filiżanka	φλυτζάνι
taux (nm) 10 B	rate	tasa	tasso	stopa procentowa	ποσοστό
technicien (nm) 4 A	technician	técnico	tecnico	technik	τεχνικός
technologie (nf) 4 A	technology	tecnología	tecnologia	technologia	τεχνολογία
téléchirurgie (nf) 12 C	laser surgery	telecirujía	telechirurgia	telechirurgia	τηλεχειρουργική
téléconférence (nf) 10 A	teleconference	teleconferencia	teleconferenza	telekonferencja	τηλεδιάσκεψη
télécopie (nf) 10 A	fax	telecopia	fax	faks	φαξ
télévision (nf) 3 B	television	televisión	televisione	telewizja	τηλεόραση
température (nf) 9 B	temperature	temperatura	temperatura	temperatura	θερμοκρασία
temple (nm) 17 B	temple	templo	tempio	świątynia	ναός
temps (nm) 9 B	weather	tiempo	tempo	czas	καιρός
tendresse (nf) 16 B	tenderness	ternura	tenerezza	czułość	τρυφερότητα
tennis (nm) 3 B	tennis	tenis	tennis	tenis	τένις
tenue (nf) 15 C	outfit (clothes)	vestimenta	tenuta	postawa	τρόπος ντυσίματος
terminer (v) 13 B	to finish	terminar	finire	kończyć	τελειώνω
territoire (nm) 17 C	territory	territorio	territorio	terytorium	έδαφος
texte (nm) 18 A	text	texto	testo	tekst	κείμενο
théâtre (nm) 2 A	theatre	teatro	teatro	teatr	θέατρο
théorique (adj) 13 B	theoretical	teórico	teorico	teoretyczny	θεωρητικός
ticket (nm) 2 C	ticket	ticket	biglietto	bilet	εισητήριο
timide (adj) 7 B	timid	tímido	timido	nieśmiały	συνεσταλμένος
tissu (nm) 14 B	fabric	tela	stoffa	tkanina	ύφασμα
titre (nm) 4 C	title	título	titolo	tytuł	τίτλος
toilettes (nf pl) 10 C	toilet	servicios	bagno	ubikacja	τουαλέτα

FRANÇAIS	ANGLAIS	ESPAGNOL	ITALIEN	POLONAIS	GREC
tomate (nf) 8 B	tomato	tomate	pomodoro	pomidor	ντομάτα
tomber (en panne) (v) 9 A	to break down	tener una avería	avere un guasto	mieć awarię	παθαίνω βλάβη
tonalité (nf) 10 C	tonality	señal de llamada	segnale (di linea libera)	tonacja	τόνος
tort (avoir-) (v) 6 B	to be wrong	no tener razón	avere torto	nie mieć racji	έχω άδικο
toujours (adv) 10 A	always	siempre	sempre	zawsze	πάντα
tour (de taille) (nm) 16 A	waistline	cintura	girovita	obwód	γύρος
touriste (nm) 5 B	tourist	turista	turista	turysta	τουρίστας
tourner (v) 5 B	to turn	girar	girare	skręcać	στρίβω
tout de suite (adv) 5 C	immediately	enseguida	subito	zaraz	αμέσως
traduction (nf) 12 C	translation	traducción	traduzione	tlumaczenie	μετάφραση
trahir (v) 16 B	to betray	traicionar	tradire	zdradzać	προδίδω
train (nm) 4 B	train	tren	treno	pociąg	τρένο
traitement (nm) 12 B	treatment	tratamiento	cura	traktowanie	θεραπεία
trajet (nm) 9 A	journey	trayecto	tragitto	droga	διαδρομή
tranquille (adj) 15 B	quiet	tranquilo	tranquillo	spokojny	ήσυχος
transformer (se-) (v) 12 C	to change	transformar(se)	trasformar(si)	przekształcać się	μετατρέπομαι
transporter (v) 16 B	to carry/to transport	transportar	trasportare	transportować	μεταφέρω
travailler (v) 1 B	to work	trabajar	lavorare	pracować	εργάζομαι
traverser (v) 5 B	to cross	atravesar	attraversare	przechodzić	διασχίζω
très (adv) 3 B	very	muy	molto	bardzo	πολύ
triste (adj) 7 B	sad	triste	triste	smutny	λυπημένος
trouver (v) 4 A	to find	encontrar	trovare	znaleźć	βρίσκω
type (nm) 6 B	type	tipo	tipo	typ	τύπος

U

FRANÇAIS	ANGLAIS	ESPAGNOL	ITALIEN	POLONAIS	GREC
université (nf) 4 C	university	universidad	università	uniwersytet	πανεπιστήμιο
urgence (nf) 11 C	emergency	urgencia	urgenza	nagłość	επείγον περιστατικό
utile (adj) 2 B	useful	útil	utile	pożyteczny	χρήσιμος

V

FRANÇAIS	ANGLAIS	ESPAGNOL	ITALIEN	POLONAIS	GREC
vacances (nf pl) 3 A	holiday	vacaciones	vacanze	wakacje	διακοπές
valeur (nf) 17 A	value	valor	valore	wartość	αξία
valise (nf) 12 A	suitcase	maleta	valigia	walizka	βαλίτσα
vallée (nf) 8 C	valley	valle	valle	dolina	κοιλάδα
variétés (nf pl) 3 C	variety show	variedades	varietà	rozmaitość	βαριετέ
veau (nm) 8 B	veal	ternera	vitello	cielęcina	μοσχάρι
végétarien (adj) 3 B	vegetarian	vegetariano	vegetariano	jarski	χορτοφάγος
végétal (nm) 8 C	plant	vegetal	vegetale	roślina	φυτό
véhicule (nm) 12 C	vehicle	vehículo	veicolo	pojazd	αυτοκίνητο
vélo (nm) 3 A	bicycle (cycling)	bicicleta	bicicletta	rower	ποδήλατο
velours (nm) 14 B	velvet	terciopelo	velluto	aksamit	βελούδο
vendre (v) 10 B	to sell	vender	vendere	sprzedawać	πουλώ
venger (se-) (v) 18 C	to revenge oneself	vengar(se)	vendicar (si)	zemścic się	εκδικούμαι
venir (v) 3 A	to come	venir	venire	przychodzić	έρχομαι
vente (nf) 17 A	sales	venta	vendita	sprzedaż	πώληση
verbal (adj) 14 C	verbal	verbal	verbale	ustny	ρητορικός
vérifier (v) 11 A	to check/to verify	comprobar	controllare	sprawdzać	ελέγχω
vérité (nf) 15 A	truth	verdad	verità	prawda	αλήθεια
verre (nm) 8 B	glass	vaso	bicchiere	szkło	ποτήρι
verser (v) 14 C	to pour	verter	versare	nalewać	χύνω
vert (adj) 8 C	green	verde	verde	zielony	πράσινος
veste (nf) 14 B	jacket	chaqueta	giacca	marynarka	σακάκι
vêtement (nm) 2 B	piece of clothing	ropa	vestito	ubranie	ρούχο
vétérinaire (nm) 11 C	veterinary	veterinario	veterinario	weterynarz	κτηνίατρος
viande (nf) 8 D	meat	carne	carne	mięso	κρέας
victoire (nf) 14 C	victory	victoria	vittoria	zwycięstwo	νίκη
vide (adj) 16 B	empty	vacío	vuoto	pusty	κενός
vidéo-conférence (nf) 10 A	video-conference	videoconferencia	video-conferenza	videokonferencja	βίντεο-διάσκεψη
vie (nf) 7 B	life	vida	vita	życie	ζωή
vieux (adj) 4 C	old	viejo	vecchio	stary	παλιός

FRANÇAIS	ANGLAIS	ESPAGNOL	ITALIEN	POLONAIS	GREC
vigne (nf) 17 B	vineyard	viña	vigna	winorośl	αμπέλι
villa (nf) 15 A	villa	chalete	villa	willa	βίλα
village (nm) 6 C	village	pueblo	paese	wieś	χωριό
ville (nf) 3 C	city	ciudad	città	miasto	πόλη
vin (nm) 8 A	wine	vino	vino	wino	κρασί
vinaigre (nm) 8 B	vinegar	vinagre	aceto	ocet	ξύδι
violet (adj) 8 C	purple	violeta	viola	fioletowy	μωβ
virtuel (adj) 12 B	virtual	virtual	virtuale	wirtualny	υποθετικός, ιδεατός
visage (nm) 7 B	face	cara	faccia	twarz	πρόσωπο
visiter (v) 8 A	to visit	visitar	visitare	zwiedzać	επισκέπτομαι
vite (adv) 6 C	quickly	rápido	presto	szybko	γρήγορα
vivement (adv) 13 B	greatly/really	profundamente	vivamente	żywo	πάρα πολύ
vivre (v) 7 B	to live	vivir	vivere	życ	ζω
voici (prép) 1 C	here	he aquí	ecco	oto tu	να, κοίτα
voilà (prép) 2 C	there	he ahí	ecco	oto tam	να
voiture (nf) 1 A	car	coche	macchina	auto	αυτοκίνητο
voix (nf) 14 C	voice	voz	voce	głos	φωνή
vol (nm) 10 C	flight	vuelo	volo	lot	πτήση
volcan (nm) 8 C	volcano	volcán	vulcano	wulkan	ηφαίστειο
volonté (nf) 17 A	will	voluntad	volontà	wola	θέληση
voter (v) 13 C	to vote	votar	votare	głosować	ψηφίζω
vouloir (v) 3 C	to want	querer	volere	chcieć	θέλω
voyager (v) 3 A	to travel	viajar	viaggiare	podróżować	ταξιδεύω
vrai (adj) 7 C	true	verdadero	vero	prawdziwy	αληθινός
vraiment (adv) 3 C	really	verdaderamente	veramente	naprawdę	αλήθεια
vue (nf) 15 B	view	vista	vista	wzrok	θέα

Y

yaourt (nm) 8 B	yoghurt	yogourt	yogurt	jogurt	γιαούρτι

Z

zapper (v) 16 B	to zap/ to change channels	zapear	fare lo zapping	zmieniać kanał w telewizji	κάνω ζάπινγκ

127

CRÉDITS PHOTOGRAPHIQUES

8: EXPLORER/Iconos/Hazat; 9: M. Gounod; 10: Canal +; 11 g: Skyrock; 11 d: Radio France; 15: Claude Gascian; 18 h: GAMMA/ Madame Figaro; 18 m: GAMMA/Scorcalletti; 18 b: Cat's collection; 24 h: Archives Nathan; 24 m: EXPLORER/Lipnitzki; 24 b: DIAF/Valdin; 37 hg: GAMMA/Reglain; 37 hd: DIAF/Février; 37 bg: GAMMA/ Simon; 37 bd: GAMMA/Gaillarde; 38: Archives Nathan; 42: Archives Nathan; 43 hg: TOP/Fleurent; 43 hd: TOP/ Subiros; 43 bg: TOP/Barberousse; 43 bd: EXPLORER/Overseas; 51 g: Conseil général de la Haute-Garonne/Bacon; 51 hd: Archives Nathan; 51 bd: Comité départemental de tourisme de l'Aude; 54: Archives Nathan; 56: EXPLORER/Royer; 58: M. Gounod; 74 h: EXPLORER/Thouvenin; 74 b: GAMMA/Etchelecou; 87 h: TF1/ Chognard; 87 b: France 2/Pimentel; 88 h: France 3/Bedeau; 88 b: France 3/Triquet.

© by Adagp 1996: Miró, p. 38.

Avec la collaboration de Christine Morel.

Édition: Françoise Lepage, Martine Ollivier
Traductions: Eileen Rezwin, Adriana Santomauro, Patrizia Molteni, Ewa Held,
Danièle Najdyor, Calliope Panthier, Carine Valène, Christine Grall
Illustrations: Lulu Larsène
Maquette et mise en page: CND International

Imprimé en France par IFC. Saint-Germain-du-Puy 18390.
N° éditeur: 10080951- (VIII) - (340) - OSBA- 80°.
Dépôt légal Novembre 2000. N° d'imprimeur: 00/1058